경영자를 위한 베드타임 스토리

일러두기

1. 각주에는 '저자 주'와 '역자 주'가 있으며 본문의 해당 부분에 별표(*, **....)로 표시하여 해당 쪽수 아래에 배치했다. 숫자(1, 2...)로 표시한 '저자 주'는 책의 맨 뒤에 주석으로 처리했다.
2. 인명, 지명, 일부 원어는 우리말과 함께 위첨자로 표기했다.

경영자를 위한
베드타임
스토리

헨리 민츠버그
장문영·장효택 옮김

호모스피리투스

경영자를 위한 베드타임 스토리

초판 1쇄 발행 2021년 5월 28일

지은이 헨리 민츠버그
옮긴이 장문영·장효택
펴낸이 장효택
펴낸곳 호모스피리투스
디자인 정원경

주소 서울특별시 용산구 한강대로 48길 21 3층, 304호 (신영빌딩)
등록번호 제2018-000008호
등록일자 2018년 1월 31일
이메일 homospiritus0131@gmail.com
ISBN 979-11-974678-0-6 (03320)

Bedtime Stories for Managers
Copyright © 2019 by Henry Mintzberg
All rights reserved

Korean translation copyright © 2021 Homospiritus Press
Korean translation rights arranged with Berrett-Koehler Publishers through EYA(Eric Yang Agency)
이 책의 한국어판 저작권은 EYA(Eric Yang Agency)를 통해 Berrett-Koehler Publishers사와 독점 계약을 맺은 호모스피리투스 출판사에게 있습니다.
저작권법에 의해 한국 내에서 보호를 받는 저작물이므로 무단 전재와 복제를 금합니다.

다가올 이야기...

안녕하세요   9
저자에 대하여 / 치아 요정들

1장 경영 이야기   15
스크램블 에그 경영 / 경영의 마에스트로 신화 / 리드하기 위한 경영 /
결점 있는 경영자 선정하기 / 유행병처럼 번지는 영혼 없는 경영 /
인터넷 시대의 경영 / 의사 결정, 생각하는 게 아니다 /
정원의 잡초처럼 전략 키우기

2장 조직 이야기   45
소처럼 조직하기 / 리더십 너머 커뮤니티십
네트워크는 커뮤니티가 아니다 /
위로부터의 변화? 현장에서의 참여? / 조직의 종 /
우리는 왜 "최고위 경영진"이라고 말하지만
"최하위 경영진"이라고는 말하지 않는가? /
사일로가 지겨운가? 슬랩은 어떤가? /
경영할 수 있는 경영과 경영할 수 없는 경영 /
벌 같은 이사회

3장 분석 이야기   *81*

분석가여, 자신을 분석하라 / 맙소사, 효율적인 오케스트라라니! /
"효율"에 무슨 문제가 있겠는가? 문제가 아주 많다 /
"하드 데이터"의 취약점 / 경영을 측정하는 까다로운 과제 /
경영, 의학, 더 많은 분야에서의 증거와 경험 /
국민 행복이 어떻게 역겨워졌는가?

4장 개발 이야기   *105*

잭의 차례 / MBA CEO들, 골치 아픈 증거 /
경영학 너머 경영자 참여시키기 / 그냥 거기 앉아만 있지 마라…

5장 맥락 이야기   *127*

가족 기업 경영하기 / 글로벌? 월들리는 어떤가? /
누가 병원을 경영할 수 있는가? / 정부를 경영하기, 경영을 통치하기

6장 책임감 이야기   *143*

이사회에 보내는 CEO의 편지, 한참 전에 보냈어야 했다 /
21세기 사혈, "다운사이징" / 생산적인 생산성과 파괴적인 생산성 /
증후군인 스캔들 / CSR 2.0을 환영하라

7장 미래 이야기   *161*

평범한 창의성의 탁월한 힘 / 고객 서비스 또는 고객 모시기? /
'더 많이'는 그만하자, '더 잘'이 더 낫다 /
잘하라, 최고는 너무 낮은 기준이다 / 일어나서 움직여라!

주석   *181*

안녕하세요

인터넷을 껐는가? 훌륭하다. 경영자를 위한 베드타임 스토리에 온 걸 환영한다. 이 책은 진지한 메시지를 담은 즐거운 책이다. 경영은 고결한 리더십에서 현장 참여로 내려와야 한다. 어떻게? 도표 대신에 소처럼 조직하고... 전략들이 정원의 잡초처럼 자라며... 탁월한 아이디어는 평범한 사람들에게서 오게 하면서... 이 사람들은 정형화된 글로벌global한 사람들이 아니라 특별하게 월들리worldly한 사람들이다.

첫 번째 이야기가 전체 분위기를 결정한다. 뒷자리의 고객들이 스크램블 에그*를 먹는 동안, 망해가는 항공사의 CEO는 어떻게 일등석에 앉았는지 이야기한다. 경영자들은 스크램블 된 세계**에서 스크램블 에그를 먹어야 한다.

나는 몇 년 전 무명 출판물에 묻힌 일생일대의 아이디어들을 잡아내

---

*역자 주: 스크램블 에그(scrambled egg)는 빠르게 휘저어 부친 계란 요리다.
**역자 주: scrambled의 사전적 의미는 '재빨리 움직이다', '서로 밀치고 앞다투다'이다. 스크램블된 세계(scrambled world)는 경영 현장의 '빠르게 변하고 경쟁이 심한 세계'로 해석할 수 있다.

기 위해 블로그(mintzberg.org/blog)를 시작했다. 그러다 우연히 몬트리올 하키팀 팬들을 위한 총 101가지 이야기가 담겨 있는 책을 발견했다. 잠자기 전에 읽는 책으로 안성맞춤이었다! 짧은 이야기 한두 개. 그렇다면 경영자를 위한 블로그 책은 어떨까? 지금보다 더 좋은 때는 없다. 여기서 지금이란 가능하다면 경영이 다 끝난 후 잠자기 바로 전이다.

당신이 익히 알고 있는 가장 존경하는 조직들을 떠올려 보아라:

- 조직들이 인적자원[HR]의 모음집처럼 기능하는가, 인간들의 커뮤니티로서 기능하는가?
- 항상 먼저 *생각하는가*, 더 잘 생각하기 위해 먼저 *보거나 행동하는가*?
- 조직들이 미친듯이 측정하는가? 영혼을 다해 고객들을 모시는가?
- 조직들이 최고가 *되어야* 하는가? 최선을 *다하는가*?

당신이 만약 전자에 답했다면, 후자에 답하기 위해 이 책을 읽어라. 만약 후자에 답했다면, 전자에 답한 사람들을 대처하기 위해 이 책을 읽어라.

101개가 넘는 블로그 글에서 경영자들에게 가장 의미 있을 것 같은 42개를 골랐다. 책은 장이 필요하다고 해서 *경영, 조직, 분석* 등등의 주제 아래 내용을 분류했다. 또한 각 장은 저자가 독자에게 무엇을 말할 것인지에 대한 도입부가 필요하다고 한다. 여기서 나는 도입부는 없다고 선을 긋겠다. 당신이 원하는 순서에 따라 마음대로 이야기들을 찾기를 바란다. 첫 번째 이야기는 맨 처음에, 마지막 이야기는 마지막에 읽기를 권하지만 무작위로 읽어도 상관없다. 훌륭한 경영자들은 이따금 그렇게 읽는다.

페이지를 넘기면서 다음에는 무슨 이야기가 펼쳐질지 궁금해하기를 바란다. 힌트를 조금 주자면 은유들의 메들리다. 소와 정원, 쿠키 자르기와 스크램블 에그 이외에도 경영에 대한 마에스트로 신화, 하드 데이터의 취약점, 벌 같은 이사회, 사혈처럼 다운사이징 하기가 있다. 나의 가장 터무니없는 아이디어가 최고의 아이디어가 될 때가 있으니 이 이야기에 너무 화내지 마라. 최고의 아이디어가 되기까지 다만 시간이 걸릴 뿐이다.

이 책은 경영에 관한 책처럼 보이지만 특효약을 기대하지는 마라. 특효약은 문제를 더 심각하게 만드는 책에 맡겨라. 대신에, 예기치 못한 통찰을 생각하며 잠들기를 기대하라. 다음 날 일어나서 움직이고, 잘 만들어진 스크램블 에그를 먹고, 엉망인 경영을 잘 풀어나갈 힘이 생길 것이다. 당신, 당신의 동료들, 심지어 당신의 가족들은 아마 조금 더 오래 행복하게 살 수 있을 것이다.

좋은 꿈 꾸기를!

저자에 대하여

나는 몬트리올에 있는 맥길 대학교(데소텔스 학부Desautels Faculty의 클레그혼 학장Cleghorn Chair)에서 경영과 몇몇 과목들을 가르치고 있고, 경영자들이 비즈니스(impm.org), 의료(imhl.org), 사내(CoachingOurselves.com)에서 자신을 개발하도록 돕는다. 그렇지 않을 때는 조직 세계에서 탈출해 스케이트, 자전거, 산, 소중한 카누에서 시간을 보낸다.

소중한 카누에서 소중한 딸과 함께

나는 스무 개의 명예 학위와 캐나다 훈장을 가지고 있다.(mintzberg.org에서 그 외 세부사항들을 찾아볼 수 있다. 나의 비버 조각품 모음집*, 공포 이야기 모음집 *The Flying Circus*를 포함한 나의 모든 책, 이 책의 이야기들처럼 새로운 이야기를 위한 블로그 글이 있다) 이 책은 아마도 나의 가장 진지한 스무 번째 책이자 베렛 퀼러와 함께 한 여섯 번째 책이다. 바라건대, 나는 지금 세상이 너무 늦기 전에 내 책 *사회 재균형*Rebalancing Society의 시사점에 눈을 뜨도록 도와주고 싶다.

*역자 주: 헨리 민츠버그 교수는 비버가 조각한 예술 작품들을 수집한다. 그의 블로그에는 비버 조각품들의 사진이 전시되어 있다.

안녕하세요

치아 요정들*

옛날 옛적 베렛-쾰러^{BK}라는 머나먼 땅에서 케이티^{Katie}가 블로그를 권유했고, 결국 나는 블로그를 만들었다. 지반^{Jeevan}이 아이디어 모음집을 만들도록 권유했고, 이 책이 나왔다. 다시 한번 케이티는 크리스틴^{Kristen}과 함께 나를 구출해서 이 책을 (스크램블 에그 경영 대신) 경영자를 위한 베드타임 스토리라고 부르도록 제안했고, 우리는 아주 기쁘게 그렇게 했다. BK의 매력적인 경영자 스티브^{Steve}는 BK 팀의 모든 사람(라셀^{Lasell}, 마이클^{Michael}, 데이비드^{David}, 닐^{Neil}, 요하나^{Johanna}, 마리아 지저스$^{Maria\ Jesus}$, 캐서린^{Catherine}, 클로이^{Chloe})과 BK를 떠나 헌신해준 다른 모든 이들(또 다른 데이비드^{David}, 켄^{Ken}, 젠^{Jan}, 엘리자베스^{Elizabeth})만큼 이 책에 열정적으로 참여했다.

집에서는 리사가 빛나는 사진들로 이야기 위에 마술을 부렸다. 둘시^{Dulcie}는 많은 블로그 글이 더 잘 만들어지도록 마술을 부렸고, 수지^{Susie}는 원고의 편집을 맡아 마술을 부렸다. 메리^{Mary}는 20년 동안 내 직장 생활에서 그래왔듯이, 마지막에 이 전체 과정을 인도하면서 꿈의 조력자 산타처럼 모든 악몽을 달콤한 꿈들로 바꿔주었다.

몇 달 동안 꾸준히 내 베개 밑에 보석을 놓아준 치아 요정 한 사람 한 사람에게 감사를 표한다.

---

*역자 주: 미국, 캐나다, 영국에서 인기가 많은 신령. 치아 요정은 밤중에 찾아와 치아를 가져가고 돈을 남겨둔다.

스크램블 에그를 먹으면서
조직이 소처럼 일할 수 있도록 돕는
모든 경영자에게 이 책을 바친다.

1장

경영 이야기

큰 일과 작은 일은 내 책무이다.
중간 수준의 일은 위임할 수 있다.
— 마쓰시타 고노스케, 파나소닉 창업자

스크램블 에그 경영

몇 년 전 어느 날 아침, 나는 몬트리올에서 뉴욕으로 가기 위해 이스턴 항공사를 이용했다. 이스턴 항공사는 그 당시 세계에서 가장 컸지만, 곧 망했다.

항공사는 당시 기내식으로 "스크램블 에그"를 제공했다. 나는 승무원에게 "지금까지 비행기에서 정말 맛없는 음식들을 먹어봤지만, 이건 최악이네요"라고 말했다.

그녀는 "맞아요. 계속 보고를 하는데도 귀담아듣질 않네요"라고 대답했다.

어떻게 그럴 수 있을까? 만약 묘지를 경영한다면, 고객과 소통하는 어려움을 이해할 수 있다. 하지만 항공사가 그렇다니? 나는 형편없는 서비스나 잘못 만들어진 제품을 볼 때마다 경영진들이 사업을 하는 건지 재무제표를 읽고 있는 건지 궁금하다.[1]

재무 분석가는 당연히 재무제표를 읽었을 것이고 아마도 항공사의 문제를 좌석 이용률 같은 것과 관련 지어 설명했을 것이다. 그 숫자를 믿지 마라. 이스턴 항공사가 망한 이유는 스크램블 에그 때문이었다.

몇 년 후, 이 이야기를 경영자들에게 들려주자 IBM 경영자는 또 다른 이야기를 들려주었다. 비행기가 막 이륙하려 할 때, 이스턴 항공사의 CEO가 들이닥친 일이 있었다. 이미 일등석은 꽉 찼지만, 항공사는 CEO를 익숙한 자리에 앉히기 위해 이미 돈을 낸 일등석 고객에게 양해를 구했다. 보아하니 조금 죄책감을 느낀 CEO는 이코노미석 쪽으로 갔다. (CEO는 당연히 이코노미석이 어딘지 물어야 했다) 그는 고객에게

사과를 하며 자신을 이 항공사의 CEO로 소개했다. 고객은 "아 네, 저는 IBM의 CEO입니다"라고 대답했다.

오해하지 마라. 문제는 양해를 부탁받은 사람이 누구였는지가 아니다. 오히려 그 반대다. 지위가 문제였다. 높은 자리가 상식보다 중요했다. 경영은 익숙해진 자리에 앉는 것이 아니라 오히려 스크램블 에그를 먹는 것이다.

경영의 마에스트로 신화

지휘대 단상에 서 있는 경영의 마에스트로를 상상해 보아라. 지휘봉을 한번 툭 치면 마케팅이 열리고, 지휘봉을 움직이면 영업이 끼어든다. 팔을 크게 돌리면 인사HR, 홍보PR, 정보 기술IT이 화음을 넣는다. 이것은 경영자의 꿈이다. 심지어 지휘자가 조율하는 리더십 워크숍에 참여할 수도 있다.[2]

마에스트로 은유에 관한 세 가지 인용구가 있다. 세 인용구를 읽으면서 우리는 게임을 해볼 것이다. 어떤 인용구가 당신이 생각하는 경영과 가장 잘 맞는지 투표해 보아라. 하지만 요령이 있다. 또 다른 인용구를 보기 전에 하나씩 읽고 투표해야 한다. 이를 보상해 줄 요령도 있다. 당신은 세 번 투표할 수 있다!

그루의 그루인 피터 드러커Peter Drucker에 따르면:

[경영자에 대한] 한 가지 비유는 오케스트라의 지휘자다. 각각의 악기들은 그 자체로는 소음이지만 지휘자의 노고, 비전, 리더십을 통하여 음악의 살아 있는 전체가 된다. 하지만 지휘자는 작곡가의 악보를 가진 통역사일 뿐이다. 경영자는 작곡가이자 지휘자다.[3]

당신은 경영자를 작곡가이자 지휘자로 투표할 것인가?

스웨덴 CEO들의 경영업무에 관한 연구를 처음으로 진지하게 수행한 스웨덴 경제학자 순 칼슨Sune Carlson에 따르면:

연구를 시작하기 전에 나는 항상 최고경영자를 연단에 냉담하게 서 있는 오케스트라의 지휘자라고 생각했다. 지금은 몇 가지 측면에서 경영자를 수백 명이 줄을 당기며 이렇게 저렇게 움직이는 꼭두각시 인형이라고 생각하게 되었다.[4]

당신은 경영자를 꼭두각시 인형으로 투표할 것인가?

미국에서 중간 경영자를 연구하는 레오나르드 세일즈Leonard Sayles는:

경영자는 선율이 아름다운 연주를 유지하려고 애쓰는 오케스트라의 지휘자다… 오케스트라 연주자들이 다양한 개인적 어려움을 겪는 동안, 무대 담당자들은 악보대를 옮기고, 과도한 열기와 냉기는 번갈아 가며 관객과 악기에 문제를 일으키고, 연주회 후원자는 프로그램에 터무니없는 변화를 주장하고 나선다.[5]

1장 경영 이야기

당신은 경영자를 리허설의 지휘자로 투표할 것인가?

많은 모임에서 경영자들과 이 게임을 했다. 결과는 항상 똑같았다. 첫 번째 인용에 몇 사람이 손을 들었고, 두 번째 인용에 조금 더 많은 사람이 손을 들었다. 하지만 세 번째 인용에는 모든 사람이 손을 들었다! 경영자는 오케스트라의 지휘자가 맞다. 하지만 연주할 때뿐만 아니라 매일 고된 일상의 지휘자다. 미화되는 은유를 조심하라.

모든 오케스트라 지휘자는 경영자, 심지어 리더일까? 무대 연주를 하지 않을 때는 둘 다이다. 지휘자는 연주자와 음악을 선택하고, 리허설 동안에 연주자와 음악을 일관성 있는 전체로 잘 섞는다. 하지만 공연 중인 지휘자를 한번 보아라. 보통 공연 그 자체이다. 더 좋은 방법은 공연 중인 연주자를 보아라. 지휘자를 거의 보지 않는다. 지휘자는 객원 지휘자일 수도 있다. 과연 어디에서 객원 경영자를 상상할 수 있겠는가?[6]

누가 악기를 연주하는가, 토스카니니 또는 차이콥스키? 아니다. 실제로 연주자가 연주한다. 하지만 모든 연주자는 다 함께 작곡가가 악기를 위해 쓴 음을 연주한다. 그래서 작곡가는 작곡가이자 지휘자다. 하지만 작곡가가 죽었기 때문에 지휘자가 갈채를 받는다.

모든 세계는 아마 작곡가, 지휘자, 경영자, 단순 연주자를 모두 포함한 진정한 무대일지도 모른다. 만약 그렇다면, 경영자는 고결한 리더십 단상에만 있지 않다.

리드하기 위한 경영

리더십이 경영과 별개이고 경영보다 위에 있다는 이야기는 경영에 나쁠 뿐만 아니라 리더십에는 최악이다.

리더를 옳은 일을 하는 사람으로, 경영자를 일을 옳게 하는 사람으로 보는 것이 유행이다.7 일을 옳게 하지 않으면서 옳은 일만 하려고 시도하기 전에는 그럴듯하게 들린다.

캐나다 로열 은행의 CEO 존 클레그혼John Cleghorn은 공항으로 가는 길에 망가진 ATM 기기를 보고 사무실에 전화해 유명해졌다. 망가진 ATM 기기는 수천 대였다. 클레그혼이 너무 세세한 것까지 경영했는가? 아니다. 그는 모범을 보이며 리드했다. 최고의 리더십은 잘 실행되는 경영이다.

리드하지 않는 사람에게 경영되어 본 적이 있는가? 대단히 실망스러웠을 것이다. 그럼, 경영하지 않는 사람에게 리드된 적이 있는가? 그 사람은 그냥 단절되었을 것이다: 무슨 일이 일어나고 있는지 어떻게 알 수 있을까? 스탠퍼드 경영대학원의 짐 마치Jim March는 "리더십은 시에 관한 것이기도 하고 마찬가지로 배관에 관한 것이기도 하다"라고 말했다.8

그럼 이제 리더십이 경영과 구분된다는 것은 잊고, 둘을 같은 일의 두 가지 측면이라고 인정하자. 우리는 "큰 그림"을 제외한 모든 것에서 단절된 채 원격 조정으로 충분히 리드 되지 않았는가? 사실 큰 그림도 현장 경험이라는 작은 붓놀림으로 그려진다.

너무 많이 경영되고 너무 적게 리드 된다는 사실을 들어봤을 것이다. 이제는 반대다. 우리는 너무 많은 고결한 리더십과 너무 적은 참여 경영을 하고 있다. 다음은 두 가지를 비교한 것이다. 둘 중 하나를 선택하라.

경영의 두 가지 방법

고결한 리더십	참여 경영
1. 리더는 제품을 개발하고 서비스를 제공하는 사람들과 구분되는 중요한 사람이다.	1. 경영자는 다른 사람들이 중요해지도록 도와주는 한에서 중요한 사람이다.
2. 리더는 "위"로 올라갈수록 더 중요한 사람이 된다. "최고위"에 있는 CEO가 곧 조직이다.	2. 효과적인 조직은 수직적 위계가 아닌 상호작용하는 네트워크다. 효과적인 경영자는 조직 전체에 걸쳐 일한다. 위에 앉아만 있지 않다.
3. 극적인 행동을 취하는 최고경영자에게서 위계를 따라 명확하고, 의도적이며, 대담한 전략이 내려온다. 나머지 사람들은 그저 "실행한다."	3. 참여하는 사람들이 큰 전략이 될 수 있는 작은 문제를 다룰 때, 네트워크로부터 전략이 나온다.
4. 리드하는 것은 결정을 내리고, 인적 자원을 포함한 모든 자원을 할당하는 것이다. 그래서 리더십은 보고서를 바탕으로 사실에 근거하여 추정하는 것이다.	4. 경영하는 것은 인간과 자연스럽게 연결하는 것이다. 그래서 경영은 맥락을 바탕으로 판단에 근거하여 참여하는 것이다.
5. 리더십은 사람들에게 자신의 의지를 강요하는 사람이 맡는다.	5. 리더십은 다른 사람들의 존중으로 얻어진 신성한 신뢰다.

결점 있는 경영자 선정하기

경영자, 리더를 효과적으로 만드는 것은 무엇일까?[9] 대답은 각양각색의 목록으로 나타난다. 예를 들어, 토론토 대학의 경영 MBA 브로슈어에는 다음의 목록이 있다:

- 현재 상황에 도전하는 용기
- 힘든 환경에서 번영하기
- 더 큰 공익을 위해 협력하기
- 빠르게 변화하는 세계에서 명확한 방향 설정하기
- 두려움 없이 결단하기

이러한 목록의 문제는 절대 완전하지 않다는 것이다. 예를 들어, 기본적인 지능 또는 남의 말 경청하기는 어디 있는가? 걱정하지 마라. 이러한 자질들은 또 다른 목록에 나타난다. 그래서 나는 찾을 수 있는 모든 목록을 바탕으로 내가 가장 좋아하는 몇 가지 자질을 추가하여 포괄적인 목록을 만들었다. 이야기 끝에 52개의 자질을 포함한 표를 볼 수 있다. 당신이 52개의 자질을 충족하면, 인간적인 경영자는 아니더라도 대단히 효과적인 경영자가 될 수밖에 없을 것이다.

불가피하게 결점 있는 경영자

이러한 목록들은 리더십에 대한 일종의 낭만이다. 평범한 사람을 받침대 위에 떠받든다. ("루돌프Rudolph는 이 직무에 완벽한 사람이야. 그가 우리를 구원할 거야!") 그리고 루돌프가 망하면 그를 비난한다. ("루돌프가 어떻게 우리를 실망시킬 수 있지?") 하지만 어떤 경영자는 꼭 그 위태로운 받침대 위가 아니더라도 계속 위에 있다. 어떻게 그럴 수 있을까?

    답은 간단하다. 성공적인 경영자는 결점이 있다. (모든 사람은 결점이 있다) 하지만 그의 특정한 결점은 상황에 따라서 치명적이지 않다. 합리적인 인간은 서로의 합당한 결점과 함께 살아가는 방법을 터득한다.

    경영자의 이상적인 자질 목록이 완전히 틀릴 수 있어서 치명적인 결점이 될 수 있다. 우리는 경영자가 "두려움 없이 결단해야" 한다는 사실에 반대할 수 있는가? 먼저, 조지 W. 부시가 미국의 행군을 이라크로 (경영하지는 않고) 리드했던 것을 본 사람들에게 물어보자. 부시는 당연히 (조언자들의 나쁜 조언이었음에도) "현재 상황에 도전하는 용기"가 있었다. 잉바르 캄프라드Ingvar Kamprad는 이케아IKEA를 가장 성공적인 소매 가맹점이 되도록 경영했다. 소문에 의하면 캄프라드는 "빠르게 변하는 세계에서 명확한 방향을 설정하는" 데 15년이 걸렸다. 실제로 가구 세계가 빠르게 변하지 않아서 이케아가 성공했다. 이케아가 가구 세계를 변화시켰다.

친해지면 더 좋을 악마 선정하기

모든 사람의 결점이 언젠가 공개되는 것이라면 경영자의 결점은 빨리 공개될수록 좋다. 실제로 경영자는 자질과 마찬가지로 결점을 보고 선정되어야 한다. 불행히도 우리는 자질, 특히 하나의 자질에 집중하는 경향이 있다. "샐리Sally는 대단한 네트워커야" 또는 "루돌프는 선견지명이 있어." 실패한 전임자가 형편없는 네트워커였거나 전략적인 비전이 전혀 없었을 때 더 그렇다.

한 사람의 결점을 아는 데는 두 가지 방법뿐이다: 결혼하거나 함께 일해 보는 것. 하지만 경영자를 선정하는 사람들 중 과연 몇 명이 후보자와 결혼은 고사하고 후보자 밑에서 일해 보았을까? 최고경영진을 선정하는 이사회 구성원, 하급 경영자를 선정하는 상급 경영자(끔찍한 용어이다) 중에서 말이다. 결과적으로, 다수는 "강자한테 약하고, 약자한테 강한" 사람을 선택한다. 말을 번드르르하게 하고, 자만하며, "상급자"를 감명시키는 데는 능하지만, "하급자"를 경영하는 데는 형편없는 사람을 선택하는 것이다.

경영자를 선정하는 사람들은 후보자를 가장 잘 아는 사람들에게 귀기울여야 한다. 자 우선, 후보자의 배우자들에게는 물어볼 수 없다. 현재 배우자는 편향적일 것이며, 이전 배우자는 더욱 편향적일 것이기 때문이다. 하지만 후보자가 경영했던 사람들의 의견은 확실히 들을 수 있다.

내가 경영의 특효약을 주는 사람은 아니지만, 만일 하나의 처방이 기념비적으로 경영의 실천을 개선할 수 있다면, 여기 처방전이 있다: 선정 과정에서 후보자가 경영했던 사람들에게 발언권을 주어라.

하룻밤 자면서 이 베드타임 스토리를 생각해보기 바란다.

확실한 경영 성공을 위해
합성한 기본 자질 목록

다양한 출처로 정리했다. 내가 좋아하는 자질들은 *이탤릭체*로 표시했다.

- 용기 있는
- *헌신적인*
- 호기심 많은
- *자신감 있는*
- 솔직한

- 성찰적인
- 통찰력 있는
- (사람, 모호함, 아이디어에) 열려 있는/관대한
- 혁신적인
- (남의 말을 잘 경청하는 것을 포함하여) 의사소통을 잘하는
- *연결된*/잘 아는
- 지각적인

- 사려 깊은/똑똑한/현명한
- 분석적인/객관적인
- 실용적인
- 결단력 있는 (행동 지향적인)

- 사전 대책을 세우는/카리스마 있는
- 열정적인
- *영감을 주는*
- 선견지명이 있는

- 에너지가 많은/열렬한
- 긍정적인/낙관적인
- 야심 찬
- 집요한/끈질긴/열성적인

- 협력적인/참여적인/협조적인
- *참여하는*
- 지원하는/동정 어린/공감하는

- 안정적인
- 믿을 수 있는
- 공정한
- 책임을 지는
- 윤리적인/정직한

- 한결같은
- 유연한
- 균형이 잡힌
- 통합적인

- 키가 큰*

---

*저자 주: 이 항목은 내가 본 목록에는 없었지만, 이상한 지지를 받고 있다. 에녹 버튼 고윈(Enoch Burton Gowin)은 1920년에 *경영자와 그의 인간 통제: 개인의 효율성에 관한 연구*(The Executive and His Control of Men: A Study in Personal Efficiency)라는 책에서 "경영자의 키와 몸무게로 측정되는 외형과 그가 가진 지위의 중요성 사이에 관계"가 있는지 물었다(22페이지와 31페이지). 그의 답은 '그렇다'였다. 예를 들어, 주교들의 평균 키는 소도시의 전도사들보다 컸다. 교육감들은 교장들보다 키가 컸다. 철도 경영자, 정치인 등등의 데이터도 이러한 발견을 지지한다. 하지만 고윈은 나폴레옹(또는 여성들)을 조사하지 않았다.

유행병처럼 번지는
영혼 없는 경영

내 딸 리사는 신발에 이런 메모를 남겨둔 적이 있었다, "영혼*을 수리해야 해요." 그때 리사는 미처 알지 못했다.

두 간호 경영자의 이야기

우리의 헬스 리더십을 위한 국제 석사IMHL: International Masters for Health Leadership 프로그램에 새롭게 참여했던 산부인과 전문의는 레지던트 시절 여러 병원의 병동을 오갔던 경험을 공유해주었다. 그와 동료들은 어느 병동에서 "일하기를 좋아했다." 신경 써 주는 수간호사 덕분에 그곳은 "행복"했다. 그녀는 이해심이 많고, 모든 사람을 존중하고, 의사와 간호사 사이에 협력을 촉진하는 데 열중했다. 그곳은 영혼이 있었다.

그러던 중, 그녀는 퇴직했고, MBA 간호사가 그녀를 대신했다. "아무런 대화 없이…MBA 간호사는 모든 것을 질문하기 시작했다." 그녀는 간호사들에게 엄격했고, 종종 일찍 와서 누가 늦게 오는지 점검했다. 교대를 시작할 때, 이야기 소리와 웃음소리로 가득했던 공간이 "이제는 간호사가 새로운 경영자에게 지적을 받아 우는 게 일상이 되었다."

사기가 곤두박질쳤고, 곧 의사들에게 알려졌다. "그 놀라운 병원 식구를 망가트리는데 두세 달이 채 안 걸렸다.…우리는 그 병원에 가려고 서로 다퉜었는데, [이후에는] 그곳에 더는 가고 싶지 않았다." 하지만

---

*역자 주: 저자는 soul(영혼)과 sole(구두 밑창)의 같은 발음을 이용하여 은유적으로 구두 밑창이 아니라 영혼을 수리해야 한다고 표현했다.

1장 경영 이야기

"더 높은 권한이 개입하지 않았거나 아마도 어떤 일이 일어나는지 몰랐을 것이다."

이런 이야기를 얼마나 자주 들어 보았나? 또는 겪었나? (나는 일주일에 네 개나 들었다) CEO에 관한 것도 적지 않다. 영혼 없는 경영은 사회에서 유행병이 돼 버렸다. 그중 최악은 약자를 괴롭히는 비열한 경영자들이다. 그들은 사람들을 맞붙게 해서 이득을 챙긴다.

영혼이 있는 호텔

나는 이후 언젠가 어느 기업 호텔(정신, 영혼이 없고, 이직률이 높은 평범한 호텔)과 미팅이 있어 영국에 갔다. 이후에, 나와 리사는 프로그램을 위해 호텔을 조사하러 호수 지방으로 향했다.

어떤 호텔에 들어서자마자 나는 사랑에 빠졌다. 직원들은 잘 배정되고, 완벽하게 보살핌을 받고, 진정으로 배려할 줄 알았다. 이 호텔은 영혼으로 가득했다. 조직을 아주 오랫동안 연구해 온 나는 종종 곧바로 영혼 또는 영혼의 부족을 느낄 수 있다. 나는 공간의 에너지 또는 무기력을 느낀다. "고객 맞이 직원greeter"의 활짝 지은 억지웃음이 아닌 진정한 미소를 느끼고, "고객 서비스" 대신 진솔한 관심을 느낀다.

"영혼이 있다는 게 무슨 말이야?" 리사가 물었다.

"직접 보면 알게 돼, 구석구석에서 말이야"라고 내가 대답했다. 나는 웨이터에게 하이킹 코스에 관해 물어보았다. 웨이터는 잘 몰라서 호텔 지배인을 불러왔고, 지배인은 세세하게 모두 설명해주었다. 나는 호텔 프런트의 젊은 여성과도 이야기를 나누며 "침대에 있는 소형 쿠션들이 정말 아름다워요"라고 말했다.

그녀는 "네, 사장님이 모든 세부사항을 신경 쓰세요. 직접 그 쿠션들을 고른 겁니다"라고 대답했다.

"이곳에서 얼마나 일했나요?"

"4년이요." 그녀는 자랑스럽게 대답했고, 고위 간부의 재임 기간을 줄줄이 말해 주었다. 지배인은 14년, 부지배인은 12년, 영업부장은 이보다 조금 짧게 근무했다.

모든 조직이 왜 이렇게 할 수 없을까? 대부분 사람들(직원들, 고객들, 경영자들)은 기회가 조금이라도 주어진다면 관심을 두고 싶어 한다. 우리 인간은 영혼이 있는데, 우리의 병원과 호텔은 왜 영혼이 있으면 안 될까? 우리는 왜 경영을 하면 안 되는 사람들 밑에서 직원들이 시들어 가도록 그토록 훌륭한 기관들을 짓는 것일까? 영혼은 수리가 필요하다. 많은 경영도 마찬가지다.

영혼 없이 경영하는
쉬운 5단계

여기 이 책에 쉬운 5단계가 있다. 누구나 할 수 있다.

- **최종 결산을 관리하라.** 제품, 서비스, 고객을 돌보는 대신 돈을 관리하면서 돈을 벌듯이.
- **모든 행동의 계획을 세워라.** 제발 자발성도 없고, 학습도 없기를.
- **경영자들을 이리저리 이동시켜라.** (어느 정도) 아는 경영 말고는 전혀 모르게.
- **인적 자원을 고용하고 해고하라.** 다른 자원을 사고팔 듯이.
- **모든 것을 쉬운 5단계로 하라.**

모든 것을 예민한 오감(五感)으로 해보는 것은 어떨까?

인터넷 시대의
경영

경영은 근본적으로 변하지 않는다. 경영은 예술과 공예에 근간을 둔 실천이지, 분석에 기반을 둔 과학이나 전문 분야가 아니다. 경영의 주제가 변하더라도 효과적인 실천은 변하지 않는다.

새로운 디지털 기술, 특히 이메일이 기본적인 경영의 실천을 변화시키지 않았는가? 특정한 하나의 측면만을 제외하고 그대로다: 새로운 디지털 기술은 경영의 실천에 오랫동안 만연했던 특징들을 강화해서 수많은 경영의 실천을 궁지로 몬다.

경영의 특징들

나의 초기 연구에 따르면, 경영은 정신없이 바쁜 직무이다. 빠르게 진행되고, 강압적이고, 행동 지향적이며, 자주 방해받는다. 어느 최고책임임원의 말을 빌리자면, 경영은 "지긋지긋한 일의 연속"이다.[10] 또한 직무를 주로 구두로 한다. 경영자는 읽기와 쓰기보다 말하기와 듣기를 훨씬 많이 한다. 수직적 만큼 수평적으로 의사소통한다. 대부분 경영자들은 적어도 자신의 부서 내 사람들과 시간을 보내는 만큼 부서 밖의 사람들과 시간을 보낸다. 이 모든 것은 나쁜 경영이 아니다, 보통의 경영이다.

경영하는 마야

인터넷의 영향

그렇다면 새로운 디지털 기술, 특히 이메일은 어떻게 경영의 특징들에 영향을 주었는가?

- 한 가지는 확실하다. 어디서나 즉각적으로 소통하는 능력은 경영의 속도와 압박감을 높인다. 간섭도 마찬가지다. 이메일을 받으면 즉시 답을 하는 것이 좋다. 하지만 속지 마라. 인터넷이 생기기 전에도 경영자는 방해받기를 선택했다는 증거가 있다. 하지만 지금은 사소한 핑 알람에도 바로 문자 메시지를 확인하고 즉각 답장하며 더 많은 방해를 받고 있다. 어떤 기업의 CEO는 인터뷰어에게 "절대 도망칠 수 없어요. 심사숙고하거나 생각하러 어디에도 갈 수 없죠"라고 말했다. 사실이 아니다. 가고 싶은 곳 어디든지 갈 수 있다.

- 인터넷 연결은 경영자의 행동 지향성을 강화한다. 모든 것이 더 빠르고 즉각적이어야 한다. (화면을 바라보는 경영자를 상상해 본다면) 행동과 동떨어진 기술이 경영의 행동 지향성을 악화시키는 것은 그야말로 얼마나 역설적인가. 모든 전자가 흩어지면 과잉 행동은 더욱 나빠진다. (이 베드타임 스토리를 일요일 저녁에 읽고 있다면, 당신의 상사가 월요일 아침 회의를 소집했을 수도 있으니 이메일을 확인해 보아라. 또는 당신이 소집했을 수도!)

- 당연히 화면을 보고 키보드를 치는 데 많은 시간을 할애한다는 것은 사람들과 대면하며 말하고 듣는 시간이 적음을 의미한다. 매일 시간은 많다. 하지만 얼마나 많은 시간을 직원들, 자녀들과 함께하거나 (이 이야기를 읽은 후) 잠을 잘 자는 데 바치는 대신, 읽고 쓰는 데 바

치는가?
- 이메일은 말의 빈곤이 있을 수밖에 없다. 목소리 톤을 전혀 들을 수 없고, 몸짓을 전혀 볼 수 없고, 존재감을 전혀 느낄 수 없다. 하지만 경영은 이러한 정보에 의존한다. 사람들은 전화기에서 웃거나 찡그리고, 회의에서 고개를 끄덕이거나 깜빡 존다. 예리한 경영자들은 이러한 신호들을 잡아낸다.
- 물론, 이메일은 전 세계에 걸친 광범위한 네트워크와 더 쉽게 "연락"하도록 해주었다. 하지만 복도 끝자리의 동료와는 어떤가? 화면 앞에 앉아 있어 동료들과의 접촉이 끊기지는 않았는가? 내가 만난 어느 고위 공직자는 매일 이른 아침 이메일을 통해 직원들과 연락한다고 자랑했다. 아마 키보드와 닿은 것이겠지, 직원들과 연락한 것일까?

빠르게 돌아가는 경영의 이러한 특징들은 제한 범위 내에서만 정상적이다. 위험을 무릅쓰고 제한 범위를 뛰어넘어 보아라. 새로운 기술이라는 악마는 다음의 세부사항에서도 찾아볼 수 있다. 경영자가 미친듯이 바빠지면 직무를 제어할 수 없고 조직에 위협이 된다. 인터넷은 통제에 대한 환상을 주지만, 실제로 일에 대한 통제를 빼앗아 버린다.

따라서, 디지털 시대는 수많은 경영 실천을 궁지로 몰아넣고 너무 동떨어지고 피상적으로 만들 수 있다. 새로운 기술들이 당신을 경영하도록 내버려 두어서는 안 된다. 자신을 기술에 사로잡히게 해서는 안 된다. 기술의 기쁨은 물론 기술의 위험을 이해해서 기술을 경영할 수 있도록 하라. 모든 기기를 끄고, 좋은 꿈 꾸기를!

우리는 정말 위대한 변화의 시대에 살고 있는가?

CEO가 연설을 준비하려고 노트북 앞에 앉자, 기계가 자동으로 "우리는 위대한 변화의 시대에 살고 있습니다"를 완성했다. 모든 연설이 50년 동안 이러한 주장으로 시작되었기 때문이다. *이것*은 절대 변하지 않았다.

우리는 정말로 위대한 변화의 시대에 살고 있는가? 주위를 둘러보고 근본적으로 무엇이 변했는지 말해 보아라. 음식, 가구, 친구, 당신의 집착? 당신은 넥타이를 매고 하이힐을 신고 있는가? '항상 그래왔으니까'라는 답변 이외에 다른 이유가 있는가? 차 엔진은 어떤가? 아마 포드 T 모델에 사용됐던 기본적인 기술이 쓰였을 것이다. 당신은 아침에 옷을 갈아입을 때, *'우리가 위대한 변화의 시대에 산다면 왜 아직도 단추를 손으로 잠그고 있는가'*라고 자신에게 물어보았는가?(우리가 사용하는 단추는 13세기 독일에서 출현했다)

나의 요점이 무엇이냐고? 우리가 변화하는 것만 알아챌 뿐 대부분은 변하지 않을 것이다. 확실히 우리는 인터넷을 알아차린다.(휙, 몇 개의 타자만 쳐도 위키피디아는 단추의 기원을 알려준다) 하지만 변하지 않는 모든 것을 한번 알아차리려고 노력해 보아라. 지속성을 경영하지 않고 변화를 경영하는 것은 난장판이기 때문이다.

1장 경영 이야기

의사결정,
생각하는 게 아니다

... 보는 것이기도 하다

우리는 어떻게 의사결정을 내리는가? 쉽다. 먼저 우리는 *진단하고*, (가능한 해결책들을) *설계한다*. 그런 다음, 우리는 *결정하고*, 마지막으로 우리는 *실행한다*. (선택을 행동으로 옮긴다) 다시 말해서, 우리는 행동하기 위해 생각한다. 나는 이를 *먼저 생각하기*라고 부른다.

인생에서 가장 중요할 것 같은 의사결정을 한번 떠올려 보아라: 배우자 찾기. 당신은 먼저 생각했는가? 의사결정 모델 '먼저 생각하기'를 사용해서 당신을 여성 배우자를 찾는 남성이라고 가정해보자. 우선 당신이 원하는 목록을 만든다: 예를 들어, 똑똑하고, 아름답고, 수줍음을 탄다. 이후 가능한 모든 후보자의 목록을 만든다. 그다음에, 분석을 시작한다. 모든 기준에 따라 후보자를 각각 점수 매긴다. 마지막으로, 모든 점수를 종합하여 승자를 가리고, 행운의 여인에게 알린다.

아마 행운의 여인은 "당신이 이 모든 것을 할 동안, 저는 결혼을 했고 자식도 둘이나 있어요"라고 말할 것이다. 먼저 생각하기에는 약점이 있다.

그래서 할머니에게 "오늘 결혼할 여자를 만났어요!"라고 선언했던 나의 아버지처럼 다른 식으로 접근해야 한다. 장담컨대, 아버지가 결정하기까지 분석은 적었지만 일이 너무 잘 풀려서 길고 행복한 결혼 생활이 이어졌다.

이것이 "첫눈에 반함"이다. 나는 이 의사결정 모델을 *먼저 보기*라고 부른다. 얼마나 많은 주요 의사결정이 이런 식으로 이루어지는지 알면 놀랄 것이다. 예를 들어, 면접 시작 2초 안에 누구를 고용할지 결정하고, 외관이 마음에 들어서 시설을 산다. 꼭 변덕만이 아닌 통찰일 수 있다.

하지만 아직 이르다, 하나가 더 있다. 이따금 의사결정을 하는데 더 합리적인 방법이다. 이를 *먼저 해보기*라고 부른다. 배우자를 찾을 때 어떻게 작용할지는 상상에 맡기겠다. (크고 작은 의사결정을 할 때) 먼저 해보기를 어떻게 해야 할지 모르겠다면, 하기 위해 생각하는 대신 생각하기 위해 *해야* 한다고만 말해 두겠다. 무언가가 작용하는지 보려고 제한된 방식으로 시도해본다. 만약 잘 작용하지 않으면, 제대로 작용하는 무언가를 찾을 때까지 다른 것들을 해보고 계속 더 많이 시도해본다. 크게 배우기 위해서 작은 것부터 시작하라.

물론, 먼저 해보기도 약점이 있다. 의사결정에 관심 있는 테리 코놀리Terry Conolly 교수는 익살스럽게 말했다, "핵전쟁과 출산이란 의사결정에는 '작은 것들을 하나씩 해보고 어떤지 보자'라는 식의 전략이 좋지 않다."[11] 하지만 다른 수많은 의사결정에서는 이러한 전략이 완벽하게 좋은 접근 방법일 수 있다. 제품을 파란색으로 칠해 보아라. 어느 순간 당신은 무지개 색깔별로 제품을 팔고 있을지도 모른다.

자, 해야 할 중요한 의사결정이 있는가? 잘됐다. 잠깐 생각을 멈춰라. 내일 주위를 둘러보고 무언가를 해 보아라! 다르게 생각하고 있는 자신을 발견할 것이다.[12]

정원의 잡초처럼
전략 키우기

전략이 필요한가? 전략에 관한 모든 책과 논문을 찾아본 후 약간의 스타일을 입힌 방법들을 완성했다.

깔끔하게 일렬로 정렬되어 있다 (헨리 민츠버그의 사진)

전략 수립의 온실 모델

1. 한 명의 최고 전략가가 있다. 이 사람은 최고경영자(CEO)이자 모든 전략의 재배자다. 다른 경영자들은 경영 컨설턴트들이 조언을 주면,(비밀이지만, 가끔 전략 자체를 줄 때도 있다) 땅을 비옥하게 만들 수도 있다.
2. 기획자들은 적절한 데이터를 분석한다. 마치 온실에서 토마토가

재배되듯이 CEO는 의식적인 사고의 통제 과정을 통해 전략을 수립할 수 있다.
3. 전략은 완벽하게 착상된 과정에서 나온다. 그런 다음, 마치 잘 익은 토마토를 따서 시장으로 보내는 것처럼 전략이 공식적으로 표명된다.
4. 이후에, 이러한 명시적인 전략이 실행된다. 적절한 구조(전략을 위한 온실)를 설계하는 것과 마찬가지로 필요한 예산을 개발하는 것이다. (전략이 실패하면 "실행"을 탓한다. CEO의 뛰어난 전략을 실행할 만큼 똑똑하지 못한 얼간이들을 탓하는 것이다. 하지만 조심하라. 만약 얼간이들이 똑똑했다면, "그렇게 똑똑하다면 왜 우리 얼간이들이 실행할 수 있는 전략을 수립하지 못했나요?"라고 물을 것이다. 그래서 실행의 실패는 수립의 실패이기도 하다)
5. 따라서, 이러한 과정을 경영한다는 것은 시장이 농산물의 판로를 내주도록 전략을 조심스럽게 심고, 계획에 따라 자라도록 보살피는 것이다.

곧바로 전략을 수립하려 하기 전에 기다려라. 우선 다음 모델을 한번 읽어 보아라.

매우 놀랍도록 유기적이다

전략 수립의 풀뿌리 모델

1. 초기에는 전략들이 정원의 잡초처럼 자란다. 온실의 토마토처럼 경작할 필요가 없다. 전략은 수립되어야 하는 것이 아니라 마치 의사 결정들과 행동들이 하나하나씩 일관된 패턴으로 합쳐지는 것처럼 형성될 수 있다. 즉, 전략은 학습 과정을 통해 점차 나타난다. 만약 필요하다면 온실은 나중에 올 수 있다.

2. 이러한 전략들은 호기심 많은 모든 장소에 뿌리내릴 수 있다. 사람들이 배우고자 하는 능력이 있고, 이 능력을 지원할 수 있는 자원이 있는 곳이면 어디든지. 기회와 맞닿은 누구나 전략으로 진화할 수 있는 아이디어를 만들어 낼 수 있다. 어느 엔지니어가 고객을 만나 새로운 제품을 상상한다. 논의와 계획 없이 단지 만들어 낸다. 새로운 전략이란 씨앗이 방금 심어졌는지도 모른다. 요점은

조직이 전략 자체의 계획은 고사하고, 어느 전략이 어디서 시작되는지 항상 계획할 수 없다는 것이다. 따라서 생산적인 전략가들은 비옥한 땅에 정원을 세운다. 이곳에서는 모든 종류의 아이디어가 뿌리를 내리고, 최고의 아이디어들이 자랄 수 있다.

3. 개별적인 아이디어가 조직에 스며들면, 전략이 된다. 앞선 엔지니어가 한 것을 보고 다른 엔지니어들이 따라 한다. 그리고 판매 직원이 이해한다. 어느 순간, 전체 조직은 새로운 전략(조직의 활동 속 새로운 패턴)을 가진다. 새로운 전략은 최고책임자를 놀라게 한다. 결국, 잡초들이 증식하고 전체 정원을 에워싸면 여기에 전통 식물들이 어울리지 않을 수 있다. 하지만 잡초야말로 예상치 못한 식물이지 않은가? 마치 미국에서 가장 악명 높은 잡초인 민들레 잎을 유럽 사람들이 샐러드로 즐기는 것처럼 관점의 변화로 새로운 전략이 가치 있게 된다.

4. 물론, 일단 새로 생긴 전략이 귀중하다고 한번 알려지면, 식물이 선택적으로 번식되듯이 전략의 확산을 경영할 수 있다. 신생 전략은 장차 의도적인 전략이 된다. 경영자들은 전략이라는 기존 농작물을 언제 활용해야 하는지와 이를 대체하기 위한 새로운 품종을 언제 권장해야 하는지 제대로 인식하기만 하면 된다.

5. 따라서, 이 과정을 경영하는 것은 전략을 계획하거나 심는 것이 아니다. 전략의 출현을 알아차리고, 적절할 때 개입하는 것이다. 진짜 파괴적인 잡초가 눈에 띄면 즉각 뿌리 뽑아야 한다. 하지만 열매를 맺을 수 있는 것들은 지켜볼 가치가 있다. 실제로 열매를 키울 때까지 또는 시들 때까지 알아차리지 못한 체하는 것이 종종 가

치 있을 때가 있다. 나중에 낮게 또는 높이 열리는 열매를 내놓는 것들 주위에 온실을 지을 수 있다.

자, 이제 전략이라는 단어를 잊고 계획하기보다는 더 많이 학습하면서 전략을 위한 준비를 모두 마쳤다.[13]

2장

조직 이야기

컨설턴트에게 하는 질문:
"그래서, 그들이 조직되도록 돕나요?"
"아니요, 그들이 조직되지 않도록 돕습니다."

소처럼 조직하기

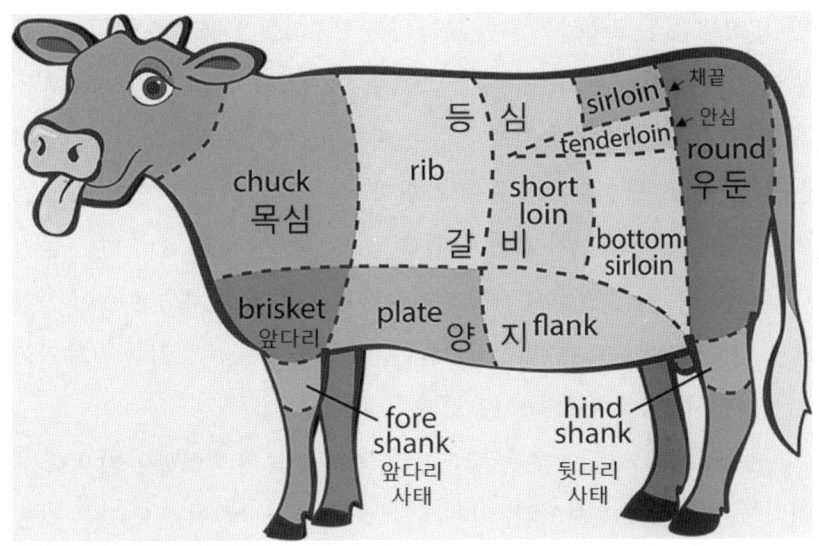

Socket Software 제공 사진

이 베드타임 스토리가 마냥 행복해 보일 수도 있다. 하지만 아니다!

몇 년 전 어느 소프트웨어 기업의 광고를 이해해 보자면, 위 그림은 소가 아니다. 소의 도표다. 소의 부분들. 건강한 소는 이런 부분들이 부분인지조차 모른다. 단지 함께 조화롭게 일할 뿐이다. 그렇다면, 당신의 조직이 도표처럼 일하기를 원하는가? 소처럼 일하기를 원하는가?

매우 심각한 문제다. 생각해 보아라. 소는 소처럼 일하는 것에 아무 문제가 없다. 적어도 생리학적으로는 우리도 마찬가지다. 그렇다면 우리는 왜 사회적으로 함께 일하는 것에 문제가 있는 것인가? 예를 들자면, 도표에 관한 이 모든 집착처럼 우리가 조직하기를 너무 헷갈려 하는 것은 아닐까?

경영자를 위한 국제 석사 프로그램IMPM에서 나는 소에 관한 논의를 한다. 한번은 인도에서 개최한 모듈에서 경영자들은 벵갈루루의 북적거리는 거리를 지날 때, 소에 대한 또 다른 이야기를 경험했다. 맥길의 동료 도라 쿱Dora Koop에게 자세히 들은 바에 따르면, "첫날 우리는 인도에서 길을 건널 때는 '소처럼 걸어야' 한다고 배웠다. 모든 그룹이 함께 붙어 있어야 했고, 예기치 못한 어떤 것도 해서는 안 된다고 주의를 들었다. 그래서 우리는 천천히 거리를 가로질러 움직였고, 차들은 우리 주위를 돌아갔다. 프로그램 내내 사람들은 [또 다른 은유인 소처럼 일하기도 떠올리면서] 이 소 은유를 사용했다."

한 무리의 사람들이 혼돈 같은 것을 지나 꾸준히 협력하여 앞으로 나아가는 것을 상상해 보아라. 이제, 당신의 조직 사람들이 혼돈 같은 것을 지나 꾸준히 협력하여 앞으로 나아가는 것을 상상해 보아라.

소처럼 걷기에는 소처럼 일하기에 대한 답이 있다: 함께 걷고 함께 일하는 것이다. 리더십이라는 신성한 소를 뛰어넘으면 *커뮤니티십*이 있다. 커뮤니티십은 리더십을 제자리에 놓기 위해 내가 만들어낸 용어이다.[14]

리더십 너머
커뮤니티십

나의 손주 로라와 토마스, 반려견 테디, 비버 조각상 테드[15] (수잔 민츠버그의 사진)

"조직"을 말하자마자 리더십이 떠오른다. 이것이 도표들이 매우 흔한 이유다. 도표는 누가 누구를 이끌어야 하는지 알려주지만 누가 무엇을, 어떻게, 누구와 함께 이끌어야 하는지는 빠뜨린다. 우리는 왜 공식적인 권위에 집착하는가? 다음 페이지의 조직이라는 첫 번째 그림을 보아라. 그 다음, 조직 재편성이라는 두 번째 그림을 보아라.

    차이를 알겠는가? 실제로 몇 명의 이름들이 몇 개의 상자에서 조금 바뀌었을 뿐 도표는(우리가 조직을 어떻게 보는지는) 그대로다. 상사 노릇이 아닌 조직하기에 색다른 것은 없을까?

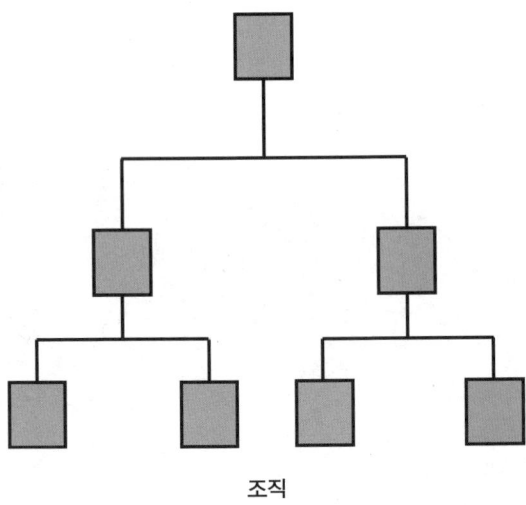

조직

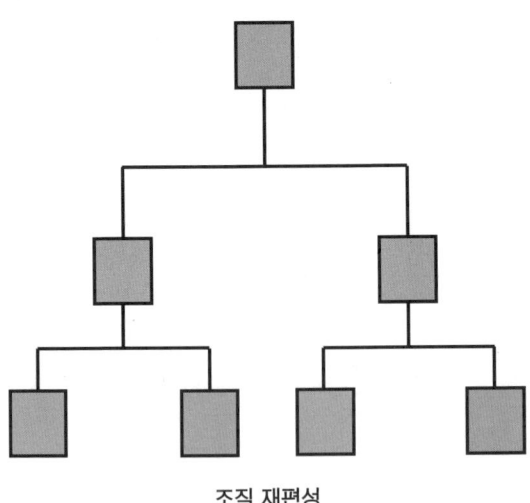

조직 재편성

재편성하기가 왜 인기 있는지 아는가? 너무 쉽기 때문이다. 종이 위에서 사람들을 섞으면 적어도 종이에선 세상이 바뀐다. 대신, 새롭게 연결하기 위해 사무실에서 사람들을 섞는 모습을 한번 상상해 보아라.

"리더십"하면 개인이 떠오른다. 개인이 다른 모든 사람에게 "권한을 부여해야"하더라도. (굳이 그래야 할까?) 하지만 리더십은 종종 모든 사람을 구하기 위해 (블랙홀로 곧장 달려갈 때조차) 백마를 탄 위대한 백인 기사다. 어떤 사람이 리더라면 다른 사람들은 팔로워여야만 한다. 우리는 진정 팔로워들의 세상을 원하는가?

당신이 가장 존경하는 기존의 조직들을 생각해 보아라. 리더십이 존재하기 전에 강력한 커뮤니티십이 있을 것이라고 확신한다. 효과적인 조직은 인적 자원의 모음집이 아닌 사람들의 커뮤니티다.

조직에서 커뮤니티십을 어떻게 알아볼 수 있을까? 쉽다. 공간의 에너지, 사람들의 헌신, 업무에 대한 공통의 관심을 느끼면 된다. 사람들은 자연스럽게 참여하기 때문에 공식적으로 권한을 부여받지 않아도 된다. 조직이 사람들을 존중하기 때문에 그들도 조직을 존중한다. "리더"가 최종 결산에서 기대되는 수치에 미치지 못하더라도 그들은 해고당할 것을 두려워하지 않아도 된다.

물론, 기존의 조직에서 커뮤니티십을 유지하도록 돕고, 특히 새로운 조직에서 커뮤니티십을 가능하게 하고 확립하기 위해서는 리더십이 필요하다. 하지만 리더십에 대한 집착은 불필요하다. 마치 개인을 조직의 전부이자 최종 결과인 것처럼, 나머지로부터 돋보여야 한다는(또한, 이에 따라 보수를 받아야 한다는) 리더십에 대한 집착을 버리자.

커뮤니티십 안에 내재한 꼭 알맞은 *리더십*을 위하여!

네트워크는 커뮤니티가 아니다

네트워크와 커뮤니티의 차이를 이해하고 싶다면, 페이스북 친구에게 당신의 집 페인트칠을 부탁해 보아라. 네트워크는 연결하고 커뮤니티는 귀 기울인다.

틀림없이 소셜 미디어는 우리를 상대방에게 연결해서 우리의 소셜 네트워크를 놀라운 방법으로 확대한다. 하지만 우리의 개인적인 관계를 희생시킨다. 우리 대부분은 문자를 보내고 트윗을 하느라 너무 바쁜 나머지 서로 만나고 사색할 시간이 없다. 우리는 어디에서 의미를 얻을까? 우리가 일하고 사는 커뮤니티 안에서 얼굴을 마주하는 접촉을 통해 얻는다.

마셜 맥루한Marshall McLuhan은 새로운 정보 기술로 탄생한 "지구촌"에

과거의 시장 (브라질의 Journal Grande Bahia [JGB] 제공 사진)

대해 유명한 글을 썼다. 하지만 지구촌은 어떤 종류의 마을일까? 전통적인 마을에서는 지역 시장에서 이웃과 연결했다. 지역 시장이 커뮤니티의 심장이자 영혼이었다. 이웃의 헛간이 불에 타면 당신은 헛간을 새로 지을 수 있도록 협력했다.

오늘날의 지구촌에서 가장 유명한 시장은 영혼 없는 주식 시장이다. 이 마을에서는 키보드를 몇 번 누르면 한 번도 만난 적 없는 "친구들"에게 메시지를 보낼 수 있다. 판타지가 가득한 인터넷상의 연애처럼 손을 대지 않고 손댈 수 없이 관계가 유지된다.[16]

뉴욕 타임스 칼럼에서 토머스 프리드먼Thomas Friedman은 이집트 친구가 2011년 카이로에서 벌어진 아랍의 봄 저항 운동에 대해 한 말을 인용했다. "페이스북은 실제로 사람들이 의사소통하도록 도왔지만 협력하도록 돕지는 않았다." 프리드먼은 덧붙였다, "최악의 경우 [소셜 미디어]가 실제 행동의 중독성 있는 대체재가 될 수 있다."[17] 그래서, 대중 운동이 사회 갱신의 필요성을 세상에 알리는 동안, 대부분의 사회 갱신을 시작한 것은 바로 지역 커뮤니티 소집단이 개발한 사회적 계획이다.

현재의 시장 (뉴욕증권거래소의 뉴캠 서비스 Newcam Services 주식회사 제공 사진)

위로부터의 변화?
현장에서의 참여?

100일 안에 주식 시장에서 빠른 성과를 보여줘야 하는 새로운 최고경영자가 있다. 서둘러 회사를 재창조하라.

위로부터의 변화

하지만 어디서부터 시작해야 할까? 쉽다, "위"에서부터 변화하면 된다. 루이 14세는 말했다, "짐이 곧 국가다!" 오늘날 기업 CEO는 말한다, "내가 곧 기업이다!"

하버드 경영 대학원에서 존 코터^{John Cotter}는 변화에 대한 유명한 글을 썼다. "영웅적인 경영자들의 62퍼센트는 혼자 행동하는 특징이 있다."[18] 다음은 코터의 8단계 모델이다.[19]

1. 위기감을 조성하라.
2. 강력한 변화 선도 팀을 구성하라.
3. 비전을 창조하라.
4. 비전을 의사소통하라.
5. 다른 사람들이 비전에 따라 행동할 수 있도록 권한을 부여하라.
6. 단기적인 성공을 계획하고 끌어내라.
7. 개선 사항들을 강화하고, 더 많은 변화를 일으켜라.
8. 새로운 접근법을 제도화하라.

모델을 다시 한번 읽어 보고, '누가 각 단계를 수행하는지' 자신에게 물어보기 바란다. 하버드 앞에서 맹세하건대, 분명 최고경영자다.* 모든 사람은 최고경영자의 비전을 순순히 실행해야 한다. 한 명의 리더와 다수의 팔로워. 실제로, 논문은 "변화 노력을 반대하는 강력한 개인들"이 제거되어야 한다고 말한다. 하지만 만일 그들이 반대할 타당한 이유가 있다면 어떨까? 아무런 논의나 토의가 없어도 될까? 21세기 기업이 꼭 루이 14세의 궁정을 흉내 내야 할까?

코터의 단계들을 곰곰이 생각해보자. "위기감을 조성하라." 월가의 늑대가 문 앞에서 울부짖고 있어 쏜살같이 달아나려고? 중앙에 항상 고위 간부들이 있는 "변화 선도 팀"이 위에서 난데없이 "비전을 창조한다?" 왜 무수히 많은 회사가 비전이라고 부르는 모방 전략들을 가지고 있는

---

*역자 주: 법정에서 위증하지 않겠다는 선서로, I swear to tell the truth, the whole truth, and nothing but the truth, so help me God(난 진실 이외의 것은 말하지 않고 맹세코 진실만을 말할 것을 하나님 앞에 엄숙히 선서합니다)로 표현한다. 여기서 저자는 truth를 chief로, God을 Harvard로 대체하여 The chief and nothing but the chief, so help you Harvard로 표현했다.

2장 조직 이야기　　　　　　　　　　　　　　　　　　　　　　　　　　　57

지 알 만하다.

　그다음은 현장의 모든 팔로워와 "비전을 의사소통하라." 진부한 이야기를 계속하자면, 일하기 위해 고용된 사람들이 일하기 위해서는 최고경영자의 허락이 필요한 것처럼, "비전에 따라 행동할 수 있도록 [그들에게] 권한을 부여하라."

　"단기적인 성공"이 "더 많은 변화"(점점 더 많은 변화)와 함께 오도록 하라. 지속성 없는 변화는 난장판이라는 것을 명심해볼 때, 대체 여기 어디에 지속성이 있는 걸까? 마지막으로, 비전이 3단계에서 고정되었으므로 이를 "제도화하는" 것도 잊지 마라.

현장에서의 참여

만약 변화가 그렇게 좋다면, 변화를 위해 변화의 과정을 변화시키는 것은 어떨까? 제품을 만들고 고객에게 서비스를 제공하는 수많은 일 가운데 전략들이 생겨날 수 있도록 "맨 꼭대기"를 행동을 왜곡할 수 있는 은유로 인식하면 어떨까?

　이케아가 조립되지 않은 가구를 어떻게 팔게 되었는지에 대한 명쾌한 예시가 여기 있다. 고객이 조립 전의 가구를 차에 실어 집으로 가져가면서 고객과 회사는 많은 돈을 아끼게 되었다. 회사와 가구 사업을 변화시킨 이러한 강력한 비전의 영감은 어떤 직원에 의해 시작되었다. "초기 이케아 직원이 LÖVET 탁자의 다리를 제거해서 차에 싣고 손상 없이 가구를 옮겼을 때, 플랫 패키징*의 탐구가 시작됐다."[20]

---

*역자 주: 납작하게 물건을 담는 것

현장이 말하고 있지 않지만, 누군가는 '우리가 다리를 떼어 내야 한다면, 우리의 고객들도 마찬가지일 거야'라는 통찰을 생각해내야 했다. 누군가는 직원일 수도, 경영자, 심지어 (진지한 기업가라면 현장에서 많은 시간을 보내야 하기 때문에) CEO일 수도 있다. 하지만 만약 CEO가 아니라면, 이러한 통찰은 CEO에게 전달되어 CEO가 통찰 위에 성수를 뿌려야만 한다. 이 예시는 이케아가 개방적인 소통의 조직이었음을 시사한다. 소통이 맨 꼭대기나 맨 아래에 고정되면 많은 아이디어를 잃는다. 즉, 이케아의 전환은 변화보다는 개방적인 문화와 더 관련 있다.

그렇다면, 하향식top-down 변화 모델 대신 현장에서의 참여 과정은 어떨까?

현장 참여의 몇 가지 기본은 다음과 같다. 단계는 아니다. 뭐랄까, 비선형적이며 순서가 없다. 변화 자체처럼 합성한 것이다.

2장 조직 이야기

누구나 비전이 될 수 있는 아이디어를 생각해낼 수 있다.
탁자에서 다리를 떼 내는 것은 별일이 아니었을지 모르지만 대단한 일을 시작했다.

의사소통이 열려 있어 이러한 아이디어들이 퍼질 수 있어야 한다.
사람들은 맨 꼭대기나 맨 아래가 아닌 유연한 네트워크 속에서 연결한다. 사람들은 발전을 위해 모두의 목소리를(심지어 저항자들의 목소리도) 듣는다.

그래서 전략들은 계획이 아닌 학습을 통해 만들어진다.
전략은 빈틈없이 구상될 필요가 없다. 경쟁력 분석이 도움이 될 수 있지만, 근본적으로 사람들이 뜻밖의 전략에 공동으로 도달하는 방법을 학습하도록 참여시키는 데 있다.[21]

물론 다양한 통찰을 한데 모을 필요가 있다. 무슨 일이 일어나고 있는지 아는 경영진이 대개 이 통찰을 감독한다.

마지막 요점은 이것이다. 예를 들어, 조직은 시장의 갑작스러운 변화 충격이 조직을 위험에 빠뜨릴 때 가끔 변화가 필요하다. 하지만 너무 많은 조직이 한동안의 단절 때문에 변화라는 해결책에 의존한다. 이와는 대조적으로 연결을 유지하는 조직들은 해결책이 거의 필요 없다. 따라서 경영자, 전문가, 교수들은 변화를 조심하고, 변화 대신 커뮤니티십에 더 많은 관심을 쏟는 게 좋을 것이다.

조직의 종

포유동물에 종이 있듯이 조직에도 종species이 있다. 혼동하지 마라. 곰은 비버가 아니다. 곰은 동굴 속에서 겨울을 나고, 비버는 자신이 만든 목조 구조물에서 겨울을 난다. 마찬가지로, 영화사가 원자로가 아니듯이 병원은 공장이 아니다.[22]

새들은 모두 똑같을까?

확실히 종이 서로 달라 보여도 우리는 종을 혼동하는 데 달인이다. 종을 이해하기 위한 우리의 어휘는 상당히 원시적이다. 생물학자는 서로 다른 종에게 이름을 붙이지만, 우리는 그렇지 않는다는 점만 제외하면, 생물학자가 포유동물이라는 단어를 사용하는 것처럼 우리는 조직이라는 단어를 사용한다.

포유동물이 어디서 겨울을 나야 하는지를 논의하기 위해 두 생물학자가 만난 상황을 상상해 보아라. 곰을 연구하는 사람이 "동굴이요"라고 말한다. 비버를 연구하는 사람은 "장난해요?"라고 말한다. "포식자가 들어와서 비버를 잡아먹을 거라고요. 비버는 나무를 잘라 보호용 오두막을 만들어야 해요." 그러자 다음 대답이 따라온다, "당신이야말로 장난하는군요!" 병원의 경영자가 컨설턴트에게 병원은 공장이 아니라고 설명하듯이 두 생물학자는 이러한 이야기를 주고받는다.

개들은 서로 다르다.

몇 년 전 나는 *조직의 구조화* The Structuring of Organizations라는 책에서 이 문제를 관심 있게 다뤘다. 나의 가장 성공적인 책이었지만 우리가 조직을 논의하는 방식이 원시적이라는 점에서 부족한 책이다. 그래서 나는 여기서 다시 조직의 네 가지 기본 종들의 뼈대를 제공해보려고 한다.

프로그램된 기계

많은 조직이 기름칠이 잘 된 기계처럼 기능한다. 효율이 중요하다. 가성비를 최대로 얻는 것이라고 할 수 있다. 그래서 모든 것이 측정되고 극도로 프로그램된다. 예를 들어, 맥도날드의 주방장이 몇 초에 한 번씩 햄버거 패티를 뒤집어야 하는지처럼. 이 종은 직원들을 훈련시키기에는 편할지 몰라도 직원들을 참여시킬 수는 없을 것이다. 업무는 지루하고, 통제는 숨이 막힐 것이다. 프로그램된 기계는 잘하는 것에만 능숙하다. 만일 당신이 8시에 호텔 모닝콜 받기를 원한다면, 딱 맞춰 받을 것이다!

하지만 혁신을 기대하지 마라. 호텔 방에서 베개를 들치자 깜짝 인형 Jack-in-the Box이 튀어나와 "서프라이즈!" 하는 즐거움을 기대하는가? 이러한 즐거움은 광고대행사에서나 원하는 것이다.

전문가 모임

이 종도 프로그램되지만, 앞과는 완전히 다른 방식으로 프로그램된다. 효율보다는 숙달이 중요하다. 병원, 회계법인, 많은 엔지니어 사무실에서는 주요 업무 대부분이 놀랍도록 일상적이지만 고도로 숙련된 것이다. 수년간의 훈련이 필요하다. 이를 제대로 인식하기 위해 들것에 실려 수술실에 들어왔을 때, 간호사가 "하나도 걱정할 것 없어요. 정말 창의적인 의사 선생님이랍니다!"라고 말하는 모습을 상상해 보아라.

이 종에서는 심지어 팀으로 일하는 것처럼 보이는 전문가들도 대체로 각자의 일에 열중한다. 그들의 훈련은 서로 정확히 무엇을 기대해야 하는지 가르쳐왔다. 박사 과정을 이수하던 나의 학생은 5시간의 심장 절개 수술 중에 외과 의사와 마취과 의사가 서로 한마디도 하지 않는 것을 관찰했다.

개인 기업

여기서는 한 사람이 지배한다. 중앙에서 *지시를 내리는 것*이 중요하다. 애플사의 스티브 잡스 또는 사회적 기업 그라민 은행에서 소액 금융 microfinancing을 설립한 무함마드 유누스Muhammad Yunus와 같은 기업가들을 생각해 보아라. 위기에 놓인 오래된 조직들이 종종 한 사람이 모든 것을 다루고 힘을 중앙에 배치하기 위해 이러한 형태를 취한다. 마찬가지로 많은 소규모 조직도(예를 들어, 모퉁이의 식료품 가게) 단지 편리를 위해 보통 주인 한 명에게 집중하는 경향이 있다. 그리고 한 명의 독재자가 통솔하는 전체주의 정치 체제들도 있다.

개인 기업의 대표가 "뛰어!"라고 말하면 보통 대답은 "얼마나 높이 뛸까요?"이다. 병원의 이사장이 "뛰어!"라고 말하면 의사들은 "왜요?"라고 묻는다.

프로젝트 개척자

네 번째 종은 또 다르다. 업무가 역시 고도의 기술을 필요로 하지만, 전문가들은 *혁신*을 위해 자신의 노력을 결합하는 팀에서 일한다. 영화사, 광고대행사, 연구소를 생각해 보아라. 이곳에서는 영화, 광고 캠페인, 새로운 제품 등 새로운 결과를 만들기 위해 프로젝트에 따라 조직한다. 이 종을 이해하기 위해서는 *비효율성으로 효과성을 달성한다는 것*을 제대로 인식해야 한다. 느슨함이 없으면 혁신은 죽는다.

종들은 자신만의 경영 구조와 스타일을 요구한다. 또한, 단지 서로 다른 문화를 *가지는* 것이 아니라 그들 자체가 서로 다른 문화이다. 각양각색의 문화에 들어가 보면 차이를 알 수 있다.

하지만 지금까지는 이러한 사실을 인지하지도 못한 채, 조직에 대한 인기 문헌의 대다수가 프로그램된 기계에 관한 것이었다. 문헌은 눈에 보이는 모든 것을 측정하기 위해, 더 "효율적"이 되기 위해, 더 엄격한 통제와 더 중앙 집중적인 계획의 필요성을 끊임없이 이야기한다. 아니면 한때 유려하게 표현한 "인간 기계를 위한 정비 팀"을 들여오는 것이 이 종의 최악의 결과를 보상할 방법이라고 말한다.[23]

나는 모든 조직이 이것 아니면 저것이라는 식으로 종을 논의해왔다. 몇몇 조직은 매우 명확하다. 예를 들어, 프로그램된 맥도날드나 트럼프 개인 기업. 하지만 전문 병원에 기계적인 구내식당이 있을 수 있듯이, 기계적인 대형 생산 업체에 제품 혁신을 위한 프로젝트 부서가 있을 수 있다. 수술실에서 뭔가 잘못되면 창의적인 외과 의사 팀이 만들어지는 것도 당연하다. 혼합형도 있다. 예를 들어, 연구에서는 프로젝트이고, 개발에서는 전문가이고, 제품에는 기계적인 제약 회사.

이러한 것들이 나의 틀을 무효로 하는가? 오히려 그 반대. 우리가 조직에서 벌어지는 모든 일을 더 분별 있게 이야기하도록 이러한 어휘를 사용할 수 있음을 시사한다.

우리는 왜
"최고위 경영진"이라고 말하지만
"최하위 경영진"이라고는 말하지 않는가?

당신은 조직에서 아무 의심 없이 "최고위 경영진Top Management"을 말한다. "중간 경영진middle management"도 마찬가지다. 그렇다면 왜 "최하위 경영진bottom management"을 말하지 않는가? 경영자들은 결국에는 한 명의 경영자가 최고위에 있고 다른 경영자들이 중간에 있다면 분명 맨 아래에도 경영자들이 있다는 것을 안다. 실제로 이것이 우리에게 말하려는 바는 "꼭대기"가 단지 은유라는 것이다. (바보 같은 은유다) 도대체 무엇의 꼭대기라는 것인가?

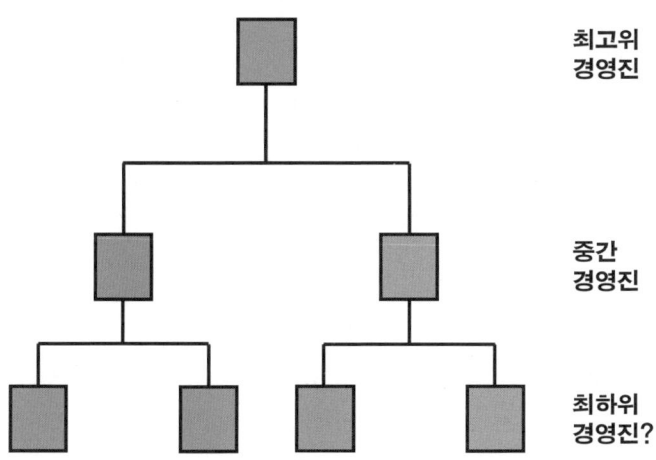

1. 도표의 꼭대기. 틀림없다. (앞의 도표를 보아라) 하지만 정말 꼭대기가 무엇인지 보려면 벽에서 도표를 떼어 탁자 위에 올려놓아라. 아무것도 위에 있지 않다.
2. 임금체계의 꼭대기. 하지만 조직의 정규 직원들보다 수백 배 더 많이 받기를 수락한 사람을 어떻게 "리더"라고 부를 수 있을까?
3. 건물의 꼭대기. 하지만 꼭대기에서 최고경영자는 전반적인 모든 것을 볼 수 있고 특별한 것은 하나도 볼 수 없다. 덴버의 하위 경영자 중 최하위 경영자는 뉴욕의 고위 경영자 중 최고위 경영자보다 수천 피트 더 높이 앉아있다는 것을 명심하라.
4. 자, 그렇다면 조직에서 일어나는 일의 꼭대기는 어떨까? 절대 아니다. 조직의 꼭대기에 있는 당신이 조직에서 일어나는 일의 꼭대기일 수는 없다. "꼭대기"라고 하면 우리는 마치 어떤 사람이 땅에 있는 모든 사람에게서 멀리 떨어진 구름 위에서 조직을 맴도는 모습을 상상한다.

그렇다면, *최고위 경영진*(이라는 용어)을 없애고 *중심 경영진*으로 대체하는 것은 어떨까?

모든 조직에는 바깥 원에서 고객, 제품, 서비스와 가장 가까이 접촉하며 세상을 마주 보는 경영자들이 있을 수 있다. 이들을 *운영 경영자들*이라고 부르자. 운영 경영자들과 *중심 경영자들* 사이에는 *연결 경영자들*이 있다. 중심에서 운영으로 전달할 뿐만 아니라 최고의 운영 아이디어를 중심으로 옮기기도 한다. 이는 시시포스처럼 언덕 위로 아이디어들을 굴려야 하는 것보다 훨씬 더 효과적이다.

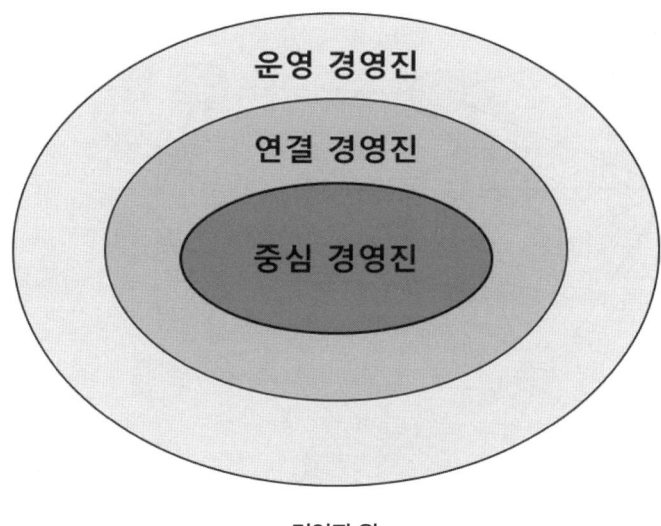

경영진 원

위 그림에서 사이에 있는 연결 경영자들을 조직의 짐처럼 여기는 대신(기회가 닿는 대로 "다운사이징" 하기보다는) 건설적인 변화의 열쇠로 볼 수 있다. 실제로 가장 훌륭한 연결 경영자들은 큰 그림을 개발하기 위해 충분히 현장에 있으면서 큰 그림도 인식한다.

하지만 이러한 관점도 문제가 있다. 한 사람이 중심에 있는 그림은 조직을 "중앙집권화"할 수 있다. 모든 것이 개인 중심으로 돌아간다. 개인 기업에는 괜찮을지 모르지만, 프로젝트 개척자에게는 어떨까? 그렇다면 이번에는 사람들이 사방으로 상호작용하는 네트워크나 웹을 상상해보는 것은 어떨까?

웹에서 경영자는 어디에 있어야 할까? 쉽다. 사무실 밖, 꼭대기와 거리가 먼 곳, 조직이 살아 있는 곳 어디든 상관없다. 이렇게 하면 네트워크는 커뮤니티처럼 기능한다.

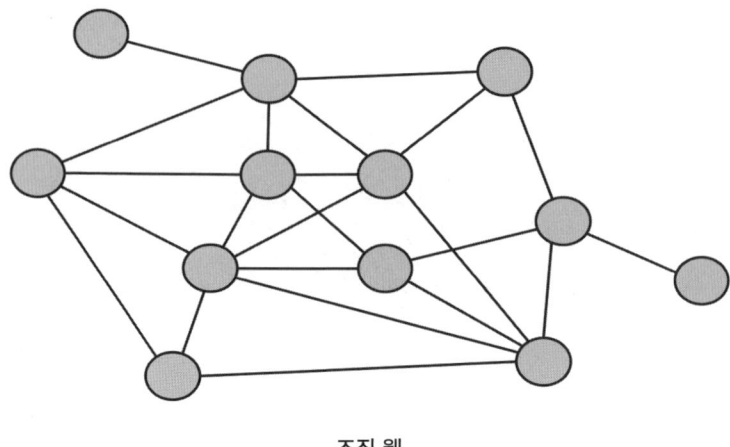

조직 웹

결론을 말하자면, 조직에서 가치 있는 다운사이징을 하고 싶다면 "최고위 경영진"이라는 비대해진 어휘부터 다운사이징 하라. 이 어휘를 그만 사용하라. 그러면 누가 각 업무를 가장 잘 해낼 수 있는지 알아보기 위해 위아래가 아닌 주위를 두루 살필 수 있다.

사일로가 지겨운가?
슬랩은 어떤가?

우리 모두 사일로silo에 대해 알고 있다. 수직 원기둥은 판매자와 제조자, 의사와 간호사가 서로 떨어져 있듯이 조직에서 사람들을 서로 수평적으로 떨어져 있게 한다. 실제로 우리는 사일로에 대해 너무 많이 들어왔다.

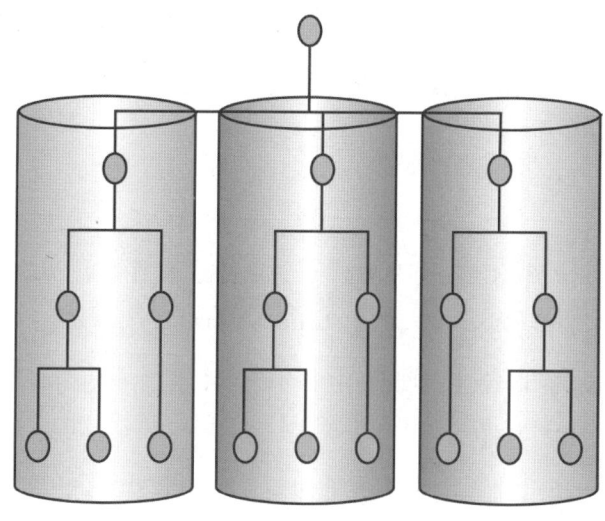

조직의 사일로

자, 그렇다면 슬랩slab은 어떤가? 정보의 자유로운 흐름을 막는 수평 장벽 말이다.[24] 우리 모두 그 이름까지는 아니더라도 슬랩도 알고 있다. 어느 체코 회사의 사람들은 최고위층에 있는 일곱 명의 경영자들을 다른 사람들과 격리된 어떤 성소처럼 말했다. 그리고 오랫동안 여성들은 계층 위로 승진할 수 없게 만드는 "유리 천장"을 불평해왔다.

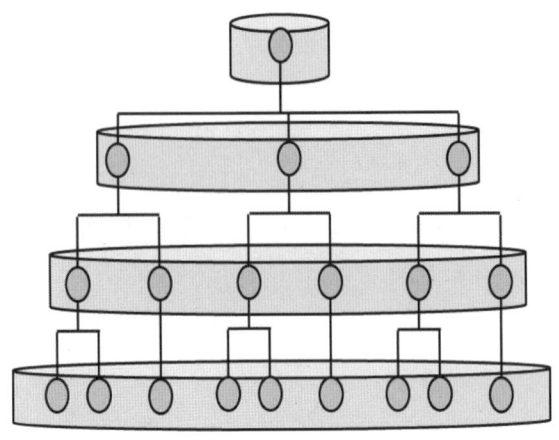

조직의 슬랩

    은행의 고위 경영자들과 함께 사일로와 슬랩에 관한 워크숍을 진행한 적이 있었다. 경영자들은 슬랩이 아닌 사일로가 문제였다고 결론지었다. 나는 "한두 슬랩 아래 당신의 직원들과 함께 확인해 보는 게 좋을 겁니다"라고 제안했다.

    우리는 조직의 전문화를 위해 사일로가 필요할 수 있다. 하지만 관통할 수 없는 벽은 필요 없다. 또 다른 은유를 사용하자면, 우리의 조직은 이음매가 없는 균일함이 필요한 게 아니라 좋은 이음매가 필요하다. 사일로 사이사이의 맞춤 연결. 슬랩도 마찬가지다. 서로 다른 권위 수준을 가로지르는 이음매가 필요하다. CEO, COO, CFO, CLO가 반드시 맨 위에 함께 앉아야 할까?

    경영 개발 프로그램에서 가장 중요한 규칙은 서로 다른 수준의 경쟁자들을 절대 뒤섞어 놓으면 안 된다는 것이다. CEO들은 CEO들과 함께, 중간 경영자들은 중간 경영자들과 함께 있게 하라. 왜 그럴까? 지위를 위해서? 수많은 최고책임C-suit 경영자는 이미 많은 시간을 동료와 함께 보냈다. 그들에게 진정으로 필요한 것은 다른 경영자들의 생각에 다가가는 것이다. 최고책임 경영자들이여, 조금 어울려보는 것이 어떨까? 조직 내부 사람들에게는 절대 들을 수 없는 잔소리를 다른 조직 사람들에게 들어 보아라.

아니면 성소에서 빠져나와 다른 관점을 가진 사람들 옆으로 당신의 책상을 붙여보는 것은 어떨까? 일본의 개인 및 생활 용품 제조사 카오Kao는 열린 공간에서 회의를 열어 유명해졌다. 지나가는 사람 누구든지 회의에 참여할 수 있게 한다: 임원 회의에 현장 감독이, 공장 회의에 임원이 참여할 수 있다. 브라질 회사 샘코Semco는 이사회 회의에서 직원들을 위해 두 석을 열어 둔다고 전했다. 슬랩이 상상력 부족의 허구에 불과한 것을 인지한다면 슬랩을 부수는 일은 쉽다.

경영할 수 있는 경영과
경영할 수 없는 경영

당신이 세계적인 식품 회사의 소속으로 인도에서 치즈를 경영한다고 상상해 보아라. 또는 퀘벡의 의료 체계 아래서 몬트리올에 있는 일반 병원을 운영한다고 상상해 보아라. 꽤 쉬워 보이지 않은가?

자, 이번에는 당신이 인도에서 너무 많은 치즈를 팔아서 아시아 전역에서 치즈를 경영해달라고 요청받는 모습을 상상해 보아라. 또는 몬트리올 병원과 떨어져 있는 어떤 커뮤니티 클리닉을 경영해 달라고 부탁받는 모습을 상상해 보아라. 병원과 클리닉 사이를 왔다 갔다 하거나 어느 사무실에 머물면서 이메일을 날려야 한다.

퀘벡주의 어느 지역에서는 실제로 주 정부가 9배를 더 앞서갔다. 주 정부는 9개의 서로 다른 기관들(병원, 커뮤니티 클리닉, 재활센터, 고통완화 의료시설, 다양한 사회복지기관들)을 관리하도록 하나의 경영직을 지정했다. 이 기관들을 이끄는 아홉 명의 경영자 대신 한 명의 경영자가 모든 업무를 경영한다. 한편으로는 아껴지는 돈을 생각해 보아라. 다른 한편으로는 뒤따르는 혼란을 생각해 보아라.

경영할 수 없는 경영
어떤 경영 업무들은 꽤 자연스럽지만 어떤 경영 업무들은 부자연스럽다. 인도에서 치즈는 괜찮지만 아시아에서 치즈는? 하나의 의료 서비스 기관은 괜찮지만 9개는커녕 (실제로 떨어져 있는) 2개를 함께 경영하는 것은?

2장 조직 이야기

우리는 왜 감당할 수 없는 경영 업무를 견딜까? 몇 년 전 기업들 사이에서 대기업이 매우 유행했었다. 경영을 알면 모든 종류의 사업을 함께 경영할 수 있을 것이다: 예를 들면, 영화 제작 스튜디오, 원자로, 발톱 관리 가맹점. 다행히도 그런 시대는 지나갔고 내부 복합 기업으로 대체되었을 뿐이다. 이제는 경영자들이 같은 사업 안에서 복잡한 혼합 경영을 하는 것이 유행이다.

도표를 그리는 것이 조직을 경영하는 것보다 훨씬 쉽기 때문에 이런 일이 생긴다. 절약되는 모든 돈도 생각해 보아라. 위대한 조직가는 중앙 사무실에 앉아 (a) 도표에 다양한 사업들을 무리 지어 놓고 (b) 각 무리를 둘러 상자를 그리고 (c) 각 상자에 이름(아시아의 치즈 또는 퀘벡의 의료 및 사회복지 센터)을 표시하고 (d) 누가 진짜 상사인지 알 수 있게 상자들을 선으로 연결하고 (e) 모든 관계자(그리고 비난받는 자)에게 잘 정돈된 결과를 이메일로 보내면 된다. 이보다 간단한 것이 있을까? 아니면 이보다 더 복잡한 것이 있을까?

아시아라고 불리는 상자

인도에서는 치즈를 많이 먹지만, 일본에서는 거의 먹지 않는다. 도대체 "아시아"는 어디인가? 인도와 일본을 포함하는 대륙은 말도 안 된다. 이렇게 다른 두 나라를 본 적이 없다.

세계 지도를 한번 보자. 적어도 지리적으로는 대륙 대다수가 일관성 있어 보인다. 모두 바다에 둘러싸여 있다. 아프리카, 북아메리카, 남아메리카, 특히 남극, 심지어 오스트레일리아까지. 하지만 어떻게 아시아가 여기 낄 수 있는가? 서쪽으로 바다가 없다. 마찬가지로 유럽도 동

쪽으로 바다가 없긴 하다. 아시아인들은 맨 처음 대륙을 지명한 유럽인들에게 감사할 수도 있을 것이다. 지도가 표시하는 바는 다르더라도 유럽인들은 유라시아로 묶을 때도 자신들을 빠뜨리지 않았고, 대륙으로 구분할 때도 자신들을 빠뜨리지 않았다. (일본은? 인도는?) 그래서 그들은 눈에 보이는 바다가 없어도 유럽과 아시아 사이에 선을 그었다. 뭐랄까, 모래 위가 아니라 산맥을 따라 선을 그었다. (이 논리에 따르면 칠레도 역시 대륙이어야 한다) 지도 제작자들은 유럽이 어디서 끝나고 아시아는 어디서 시작되는지 날조하기 위해 러시아를 그냥 반으로 갈랐다.

이러한 지도를 만들었던 사람들이 이제 조직도를 그린다.

가장 위험한 경영자

사업으로 돌아가 보자. 사람들이 아시아의 어떤 곳에서는 치즈를 많이 먹지만, 다른 곳에서는 그렇지 않음에도 당신은 아시아에서 치즈를 경영 중이다. 어떻게 경영할 수 있을까? 특히 아시아 판매의 대부분을 차지했던 인도에서 당신의 옛 직무를 가져간 누군가가 당신 덕분에 완벽하게 치즈를 경영하고 있다면.

당신이 똑똑하다면 시도조차 안 할 것이다. 하지만 그러면 당신은 승진하지 못한다. 예를 들어, 아시아 전역에서 회사의 식품들(치즈뿐만 아니라 김치, 하리사*, 푸틴**)을 대표하는 위대한 치즈가 될 수 없다. 그래서 당신은 아시아에서 치즈를 경영해야만 한다.

이때 바로 문제가 시작된다. 할 일이 없는 경영자가 가장 위험하다

---
*역자 주: 북아프리카 소스 이름
**역자 주: 캐나다 퀘벡 지방의 감자 요리

2장 조직 이야기   75

는 점을 양해해 주기 바란다. 경영자는 활동적인 사람이다. 애초에 그가 경영자가 될 수밖에 없었던 이유이기도 하다. 경영자를 경영할 수 없는 위치에 앉히면 그는 할 일을 찾는다. 인도, 일본, 몽골 외곽, 파푸아 뉴기니의 치즈 경영자들이 모두 함께 "시너지"(사람들이 원하지 않는 제품을 팔기 위해 서로 돕는 방법)를 찾도록 수련회를 조직하는 일처럼 말이다.

그렇지 않으면 (비대륙 아시아의 중심인) 싱가포르에 있는 지역 본부에 앉아 있는 것은 지루하다. 그래서 우리의 활동적인 경영자는 비행기에 몸을 싣는다. 뭐랄까 세세하게 관리하기 위해서가 아니다. 세세하게 관리하는 유행은 지났다. 잠깐 들러 한번 슬쩍 보기 위해서다. 당신은 일본의 치즈를 담당하는 경영자 주위를 맴돌면서 말한다, "제가 아시아의 치즈를 담당하는 당신의 상사랍니다. 잠깐 들러 봐야 할 것 같아서요. 아시죠, 얘기도 좀 하고. 하지만 여기 있는 동안 몇 가지 악의 없는 질문들을 해보려고요. 일본에서는 왜 치즈의 판매 실적이 올라가지 않을까요? 고객을 창조하는 것도 사업의 일부 아닌가요? 마치 피커딜리 광장*에서 인도의 처트니**를 먹는 것처럼 여기선 한국 김치를 먹네요, 그렇죠? 그렇다면 왜 긴자***에서는 고르곤졸라 치즈를 먹지 않는 걸까요?"

상자 너머

모든 것이 한 곳에 있는 병원은 자연스러운 기관이다. 인도에서 치즈를 파는 것 역시 아주 자연스러워 보인다. 하지만 이를 뛰어넘어, 누군가가

---

*역자 주: 런던의 번화가
**역자 주: 인도의 향신료 소스 이름
***역자 주: 일본 도쿄의 번화가

어딘가에서 도표에 상자를 그렸기 때문에 누군가가 어딘가에서 경영할 것이라고 기대하는 것은 부자연스럽다. 우리는 분명히 상자 밖에서도 우리 자신을 조직할 수 있다.

벌 같은 이사회

이사회는 최근 "지배 구조"라는 이름으로 많은 관심을 받고 있다. 이사회가 하는 일에는 실체보다 더 높은 지위가 있기 때문에 아마도 그들이 받아야 할 마땅한 관심보다 더 많은 관심을 받고 있다. 이사회는 하나의 통치 역할을 행사해야 하고 마찬가지로 건설적인 서비스를 제공해야 한다. 하지만 그것조차 제한되어 있다.

건설적인 서비스 중에는 경영진에게 조언해주기, 단순히 자문 역할하기, 기금 모으기가 있다. 영향력 있는 이사회 구성원들의 존재 자체는 조직을 중요한 권력의 중심에 연결할 뿐만 아니라 조직의 평판을 높일 수 있다.

이사회가 윙윙거릴 때

이사회의 진정한 통치 역할은 최고경영진의 활동을 세 가지 측면에서 감독하는 것이다. 첫째는 최고책임자를 선정하는 것이다. (비영리 조직의 책임자를 포함하기 위해 *최고경영자*CEO보다는 *최고책임자*chief라는 단어를 사용한다) 둘째는 최고책임자의 성과를 평가하는 것이다. 셋째는 필요하다면 최고책임자를 교체하는 것이다. 최고책임자가 일할 수 없게 되면 가끔은 이사회 구성원이 임시로 그의 역할을 맡아야 한다.

이렇게 하지 않으면 이사회는 조직을 통제하지 못한다. 조직을 통제할 최고책임자를 임명하고 나서 이사회는 적절히 물러난다. 최고책임자는 실권과 함께 도끼를 가진다. 이사회는 소리만 내는 망치를 가진다. 당연히 이사회가 최고책임자를 신뢰하지 못한다면 뒤늦게 비판하지 말고 그를 교체해야 한다. 문제는 이사회가 자주 이렇게 못한다는 것이다.

이사회를 최고책임자 위를 맴돌면서 꽃을 고르는 벌이라고 생각하라. 최고책임자는 조심해야 한다. 벌은 오직 한 번 쏠 수 있다. 그래서 벌 역시 조심하는 게 좋다. 이사회는 실제로 벌보다는 더 자주 쏠 수 있다. 최고책임자를 계속 교체할 수는 있지만, 이는 이사회의 자체 역량에 대한 우려를 제기하는 일이 될 것이다. 게다가, 현재 이사회 구성원 대부분은 애초에 자신들이 교체하고 싶은 사람을 임명했을 것이다.

조직과 동떨어진 이사회

이사회 회의는 정기적으로 열리지만 자주 열릴 수는 없다. 그래서 이사회 구성원들은 조직에서 일어나는 상황과 꽤 떨어져 있다. 그렇다면 그들이 최고책임자를 언제 교체해야 하는지 어떻게 알 수 있는가? 이사회 구성원들이 조직으로 들어가는 주요 통로는 바로 그 최고책임자일 텐데 말이다.

　선정, 평가, 교체의 문제를 종합해볼 때, 이사회 구성원들은 조직의 다른 사람들보다 보통 사회적 지위가 높다. 이는 이사회 구성원들이 내부 최고책임자 후보자들을 평가하는 데 거의 도움을 주지 못한다. 실제로 이는 외부 사람들을 선택하는 쪽으로 편향될 수 있다. 게다가 이사회의 높은 지위를 가진 사람들은 자신들과 비슷한 이미지의 사람들을 선택하는 경향이 있고, 이 사람들은 자신들이 경영하려는 직원들을 이해하지 못할 것이다.

　초기에 선정에 관한 이야기에서 논의했듯이, "상급자들"을 잘 이해하고 "하급자들"을 잘 이해하지 못하는 사람들을 위한 표시가 있다. "강자에게 약하고 약자에게 강한" 자들은 거물들과 어울리는 데는 능하지만 일반 사람들과 어울리는 데는 형편없다.

윙윙거림을 주의하라

물론, 이사회는 지배를 받는 조직의 성격에 따라 실천이 다양하다. 앞서 말한 논의는 특히 여러 사람이 소유하는 기업에 적용된다. 반면에 소수주주 지배 회사, 특히 소유주가 지배하는 회사에서는 모든 사람이 누가 권력을 쥐고 있는지 안다. 이사회가 권력을 쥐고 있지 않다.

　기업의 이사들은 보통 사업가 그 자체이다. 하지만 그들이 비영리단체(NGO, 병원, 대학 등등)의 이사회 자리에 앉으면 무슨 일이 일어날까? 기업이 경영을 더 잘 안다고 믿는 사람들은 위협적인 존재가 될 수 있고 두 배로 위험할 수 있다. 그들은 간섭하고 이곳을 운영하기 위해 자신들과 비슷한 사람을 임명할 수도 있다. 교육자들과 의사들이 사업을 이해하는 것만큼 사업가들이 교육과 의료 서비스를 이해할 수 있을까?

비영리단체 조직은 다르다. 좀 더 복잡한 이해 관계자들의 관계가 있고, 성과가 쉽게 측정되지 않고, 직원들은 고용인들보다는 구성원들에 더 가깝다. 다음 이야기에서 논의되겠지만, 사업은 모든 것을 경영하기 위한 "유일한 최고의 방법"이 아니다.

그렇다면, 여기서 나의 요점은 무엇인가? 이사회는 필요하지만, 문제가 많다. 이사회 구성원들은 과도하게 정보를 얻지 않고, 무엇을 모르는지와 어떻게 정보를 더 잘 얻을지에 대한 예리한 감각을 지녀야 한다. 그리고 모든 이사회는 자신의 한계를 완화하기 위해 다양한 구성원들이 필요하다. 또한, 이사회는 쏘는 것보다 윙윙거림을 훨씬 더 의식해야 한다.

3장

분석 이야기

사랑과 마찬가지로 과학에서도
기술에만 집중하면 무기력해지기 쉽다.
— 피터 L. 버거

분석가여, 자신을 분석하라

분석의 거미줄

"측정할 수 없는 것은 경영할 수 없다는 말은 잘 알려진 격언이다."(하버드 비즈니스 리뷰에서 로버트 카플란Robert Kaplan과 마이클 포터Michael Porter의 논문은 이렇게 시작한다)[25] 그렇다, 이 격언은 잘 알려져 있다. 하지만, 매우 어리석다.

    도대체 누가 문화, 리더십, 심지어 새 제품의 시장 잠재력을 성공적으로 측정했는가? 그렇다면 이러한 것들을 경영할 수 없다는 말인가? 카플란과 포터는 자신들이 내린 처방의 효과성을 측정했는가? 멋있을 것 같다고 추정하는 것 외에 실제로 누가 측정의 성과를 측정하려고 시도해 본 적이 있는가? 그리고 누가 경영의 성과를 측정하려고 시도해 본 적이 있는가?(곧 다룰 것이다)

    우리는 아마도 측정과 경영을 경영할 수 없다고 결론지어야 한다.

하지만 실제로 둘 다 경영할 수 있다. 이 세상에서 가장 중요한 많은 것이 측정될 수 없다는 것을 우리는 반드시 인식해야 한다. 물론, 스스로 측정에 완전히 사로잡히지 않는 한, 측정 가능한 것을 측정해야 한다. 문제는 우리가 종종 측정에 완전히 사로잡힌다는 것이다.

카플란과 포터의 논문에는 "...환자를 치료하는 전체 비용을 추정" 하기 위한 7가지 단계가 나열되어 있다.

1. 질병을 선택하라.[가능한 "합병증과 동반 질병"을 명시하라]
2. 주요 활동을 기록하는 의료 서비스 가치 사슬 care delivery value chain 을 정의하라.
3. 각 활동의 과정도 process map 를 개발하라.
4. 각 과정의 예상 시간을 구하라.
5. 환자 간호 자원의 공급 비용을 추정하라.
6. 각 자원의 수용 능력을 추정하고, 수용 비용률을 계산하라.
7. 환자 간호의 전체 비용을 계산하라.

8번째 단계를 기대하지 마라.

8. 7가지 단계를 시행하는 비용도 포함하라.

하지만 당신은 77가지 활동이 나열된 무릎 관절 교체 수술의 예시를 읽어야 단계들을 시행하는 비용을 짐작할 수 있다. 활동들을 팔꿈치와 엉덩이, 뇌와 창자, 심장과 정신으로 곱하고, 이 모든 치료의 개선 빈도를 고려해 보아라. 그러면 당신은 분석가들의 인원수가 곧 의료 서비스

3장 분석 이야기

임상의들의 인원수보다 많아지는 것은 아닐지 궁금할 것이다.

게다가, 이러한 노력의 직접 비용이 전부가 아니다. 임상의들의 주의산만은 어떤가? 예를 들어, 너무 많은 데이터를 기록하게 강요한다면? 누가 무엇을, 어디서, 언제, 누구를 측정하는지에 뒤따르는 정치적 싸움의 비용도 추가하라. 분석가는 측정을 목표로 여긴다. 이를 분석가를 정하는데 쏟는 정치적 희생과 대조해 보아라.

만약 분석가가 다른 사람들을 정밀 조사하는 것처럼 자신을 똑같이 정밀 조사 한다고 생각해 보아라. 즉, 분석가들이 자신을 분석한다고 생각해 보아라. 그러면 아마 우리는 다음을 얻게 될 것이다.

영국의 소매업체 막스 앤 스펜서Marks & Spencer는 몇 년 전 매장 내 재고 이동을 통제하는 데 너무 많은 돈을 썼다고 판단했다. 그래서 어떤 점원이 선반을 보충할 주문서를 작성해서 판매대 뒤에 있는 다른 점원에게 건네주면 그 점원이 물품을 가지러 가는 대신, 이 모든 과정을 없애고 간단하게 점원들이 뒤로 가서 필요한 물품들을 주워 담게 했다. 회사는 수천 명의 점원을 줄이고, 2천 6백만 카드와 종이를 아낄 수 있었다.

영국의 수학자이자 철학자 알프레드 노스 화이트헤드Alfred North Whitehead는 "당연한 것을 분석하려면 매우 특별한 사고가 필요하다"라고 말했다.[26] 분석가들이여, 메모하라.

맙소사, 효율적인 오케스트라라니!

젊고 열성적인 MBA 학생은 마침내 자신의 학습을 적용할 기회를 얻었다. 어떤 낯선 조직에서 설문 조사를 수행하고, 어떻게 하면 그 조직의 효율이 오를 수 있는지 추천서를 제출해달라는 요청을 받았다. 그는 심포니 오케스트라를 표적으로 삼았다. 그는 사업 수단에 관해 공부하고, 첫 콘서트에 참석한 후, 다음의 분석을 제출했다.

1. 오보에 연주자 네 명은 아주 오랫동안 할 일이 없었다. 그래서 오보에 숫자를 줄이고, 전체 콘서트 프로그램에서 작업을 좀 더 고르게 분산하여 활동의 최고점과 최저점을 없애야 한다.
2. 바이올린 스무 대는 같은 음을 연주했다. 불필요한 중복처럼 보여서 이 부분의 직원을 대폭 잘라야 한다.
3. 장비의 노후화는 반드시 추가 조사가 필요한 또 다른 문제다. 프로그램은 수석 바이올리니스트의 악기가 수백 년 된 것이라고 언급했다. 만약 정상적인 감가상각 일정이 적용되었다면, 이 악기의 가치는 0으로 줄어들었을 것이고 오래전부터 더 현대적인 장비의 구매가 권고되었을 것이다.
4. 32분음표 연주에 큰 노력을 쏟았다. 이것은 불필요한 정제처럼 보인다. 모든 음은 가장 가까운 16분음표로 반올림되도록 권고되었다. 만약 이 문제가 해결되면, 수습생과 하급 연주자를 더 많이 쓸 수 있을 것이다.
5. 마지막으로, 어느 악절의 반복이 매우 많아 보여서 악보는 대폭

축소되어야 한다. 이미 현악기로 다룬 것을 호른 같은 것으로 반복하는 것은 아무런 쓸모가 없다. 모든 불필요한 악절을 제거한다면, 2시간의 전체 콘서트 시간이 20분으로 줄어들고 중간 휴식 시간은 필요 없을 것이다.[27]

만약 이 학생이 오케스트라 대신 공장을 연구했다면, 아무도 웃지 않았을 것이다. 특히 공장 사람들은 웃을 수가 없다. 즉, 이는 웃을 일이 아니다.*

＊저자 주: 위의 내용은 대략 1950년대 중반 미국 교수 회보, 캐나다 군사 저널, 하퍼스지에 게재되었다. 익명인이 작성한 보고서 형태로 런던에서 회람되었으며, 아마도 "Her Majesty's Treasury of the Courts"에 처음 실렸을 것이다.

"효율"에 무슨 문제가 있겠는가?
문제가 아주 많다

효율은 엄마 되기와 같다. 오래된 군사 용어를 쓰자면, 가장 큰 가성비 bang for the buck*를 준다. (스웨덴 은행의 경제학자들이 만든) 비-노벨상 non-Nobel prizes의 경제학 분야 수상자인 허버트 사이먼Herbert Simon은 효율을 몰가치적이며 완전히 중립적인 개념이라고 했다.[28] 원하는 이득을 정하기만 하면, 효율은 가능한 최소한의 비용으로 이득을 준다. 누가 이에 반대할 수 있을까? 우선 내가 반대한다.[29]

아래에 효율적인 두 가지를 적었다. 두 가지가 무엇을 의미하는지 (머릿속에 떠오르는 첫 번째 단어를) 자신에게 물어보아라.

레스토랑은 효율적이다.

서비스 속도를 생각했는가? 대부분 그렇게 생각한다. 음식의 질을 생각하는 사람들은 별로 없다. 왜 그럴까?

내 집은 효율적이다.

항상 맨 처음 에너지 소비가 떠오른다. 예를 들어, 누가 집의 디자인, 위치, 인근 학교 대신 에너지 소비를 고려해 집을 사는지 한번 말해 보아라.

이게 무슨 뜻일까? 알아차리기만 하면 꽤 분명하다. 우리는 효율이라는 단어를 들으면, 서비스 속도나 에너지 소비와 같은 *무의식적으로*

---

*역자 주: 1954년 Charles Wilson 미 국무장관은 소련과 핵무기 경쟁을 언급하며 'Bigger bang for the buck'이라는 내용의 군사력 강경책을 내세웠다. 여기서 bang은 '쿵, 쾅'이라는 의성어 표현처럼 당시엔 군사력 '화력(firepower)'이나 파괴력을 말했고, Buck이 dollar를 속어로 부르던 말이니 결국 'More Power for the dollar'의 의미가 된 것이다.

가장 측정하기 쉬운 기준에 집중한다. 효율은 측정 가능한 효율을 의미한다. 가장 쉽게 측정되는 것을 선호하기 때문에 효율은 절대 중립적일 수 없고, 다음 세 가지 측면에서 문제가 있다.

- **효율은 종종 경제로 좁혀진다. 일반적으로 비용이 이득보다 측정하기 쉽기 때문이다.**
  측정 불가능한 이득을 희생하여 측정 가능한 비용을 줄인다. 서비스의 질은 악화되었지만 정부가 의료 서비스나 교육의 비용을 줄여왔던 것을 생각해 보아라. (과연 한 아이가 교실에서 학습하는 것들을 측정할 수 있는 사람이 있을까?) 연구나 정비 예산을 잘라서 당장 더 많은 상여금을 받는 CEO들은 어떤가? 문제는 나중에 생길 것이다. 오케스트라가 효율적일 수 있는 모든 방법을 찾은 학생을 잊지 마라.

- **효율은 결과적으로 사회적 비용을 상승시킨다. 보통 경제적 비용이 사회적 비용보다 측정하기 쉽기 때문이다.**
  경제학자들은 이를 "외부성"이라고 일축한다. 당신이 오염된 공기나 숨이 막히는 학습에 신경을 쓰지 않는 한 공장이나 학교를 더욱 효율적으로 만드는 일은 쉽다.

- **효율은 우리를 경제적 도덕성으로 이끌고 사회적 부도덕성에 이르게 한다. 보통 경제적 이득이 사회적 이득보다 측정하기 쉽기 때문이다.**
  우리는 좋은 음식 대신 앞서 나온 스크램블 에그 같은 즉석식을 먹을 때 효율적이다.

따라서, 효율성과 효율성 전문가들을 주의하라. 효율적 교육, 효율적 의료 서비스, 효율적 음악, 때로는 효율적 공장조차 주의하라. 지나친 균형 성과표balanced scorecard도 조심하라. 경제적 요소 너머 사회적, 환경적 요소를 포함하는 것이 선의로 보이더라도 주사위는 가장 쉽게 측정되는 요소에 유리하게 작용한다.

"하드 데이터"의 취약점

"하드 데이터"는 정확히 무엇일까? 돌은 딱딱하다, 하지만 데이터가 딱딱하다니? 종이의 잉크나 하드 드라이브의 전자는 전혀 딱딱하지 않다. 실제로 후자는 종종 "소프트 카피"라고 불린다.

데이터를 위한 은유가 필요하다면, 하늘의 구름을 상상해 보아라. 먼 거리에서 보면 분명한데 가까이서 보면 모호하다. 느껴지는 게 아무것도 없다. "하드"는 실제를 숫자로 바꾸는 착각이다. 저기에 있는 저 남자는 사이먼Simon이 아니라 심리학자의 척도로 4.7이다. 회사는 단지 잘해낸 것이 아니라 490억 원어치 위젯을 팔았다. 어떻게 이보다 더 분명할 수 있을까?

반대로, 소프트 데이터는 적어도 먼 거리에서는 흐릿하고, 모호하고,

주관적으로 보인다. 소프트 데이터를 해석하기 위해서는 판단이 필요하고 심지어 컴퓨터로 전송될 수도 없다. 사실, 어떤 소프트 데이터는 단지 가십, 소문, 인상이다. 예를 들어, 위젯 대다수가 결함이 있다는 소문.

그래서 하드 데이터가 우리 뇌의 물렁물렁한 부분을 포함한 소프트 세계를 강타할 때까지는 적어도 하드 데이터가 매번 이긴다. 이러한 이유로 하드 데이터의 부드러운 아랫배, 즉 취약점을 고려하는 게 좋겠다.

하드 데이터는 너무 일반적일 수 있다.
하드 데이터는 무력까지는 아니더라도 무익할 수 있다. 남성 성행위에 관한 킨제이 보고서의 어느 연구 대상자는 다음과 같이 불평했다. "그에게 뭐라고 말하든 간에 그는 제 눈을 똑바로 보고 '몇 번이요?'라고 물었어요."[30] 과연 그게 전부일까?

하드 데이터는 서술의 근거를 제공할 수 있지만, 설명을 제공할 수 있을까? 위젯의 매출이 올랐다. 왜? (a) 시장이 확대되어서? 좋다, 이에 대한 숫자가 있다. (b) 중요 경쟁자가 바보 같은 짓을 해서? 숫자는 없지만, 가십은 있다. (c) 우리 경영진이 너무 뛰어나서? 주관적일 수 있지만 우리 경영진은 좋아한다. (d) 아니면 가격을 낮추려고 질을 떨어뜨렸기 때문에? 이에 대한 숫자를 구해 보아라. 이 모든 것은 우리가 하드 데이터를 설명하기 위해서는 종종 소프트 데이터가 필요하다는 점을 시사한다. 예를 들면, 경쟁자가 무언가를 하고 있더라는 소문 또는 우리 공장의 품질에 대한 가십.

하드 데이터는 너무 종합적일 수 있다.

위젯 하나하나가 아닌 총매출액이라는 하나의 숫자로 합계된다. 회사 전체가 숫자 하나로 마무리되는 전형적인 최종 결산도 마찬가지다. 예를 들어, 회사를 망치는 유지비용 삭감과 그 숫자로 잃은 모든 생명을 생각해 보아라. 당신이 목재업에 있지 않다면, 나무보다 숲을 보는 것은 괜찮다. 목재업의 경영자는 나무를 알아야 한다. 하지만 너무 많은 경영은 나무들이 하나의 초록색 카펫으로 보이는 헬기 안에서 일어난다.

많은 하드 데이터는 너무 늦게 도착한다.
정보가 "단단해지기" 위해서는 시간이 필요하다. 인터넷을 날아다니는 전자의 속도에 속지 마라. 우선, 일어난 일들은 "사실"로 기록되어야만 한다. 이것은 시간이 걸린다. 그런 다음, 이것은 시간이 더 드는 보고서로 종합되어야 한다. 그때는 위젯의 품질에 진저리가 난 고객들이 아마 경쟁자에게 달아날 수도 있다. 숫자에만 집중했던 경영자는 조심하라고 경고하는 가십을 놓쳤을지도 모른다.

마지막으로, 놀랄 만한 양의 하드 데이터는 신뢰할 수 없다.
하드 데이터는 좋아 보인다, 예쁜 화면에 조그마한 숫자들. 하지만 하드 데이터가 어디에서 왔는가? 하드 데이터 위의 돌을 들춰서 밑에 무엇이 기어 다니는지 보아라. "정부는 통계를 모으는 일을 매우 좋아한다. 통계를 모으고, 더하고, n제곱으로 올리고, 세제곱근을 구해서 멋진 도표를 준비한다. 하지만 이 모든 숫자가 애초에 제멋대로 숫자를 적은 [마을 경비원]에게서 온다는 사실을 절대로 잊어서는 안 된다."[31]

정부뿐만이 아니다. 조작되지 않는 숫자를 본 적이 있는가? 사업의 최종 결산은 고사하고 공장의 불합격 수나 대학의 인용구 수는 어떤가. 게다가, 처음에는 기록된 사실이 신뢰할 만하더라도 종종 수량화 과정에서 무언가를 빠뜨린다. 숫자는 반올림되고, 실수가 일어나고, 미묘한 차이를 잃는다.32

이 모든 게 하드 데이터를 없애라는 애원이 아니다. 소프트 데이터를 없애라는 것만큼 말이 안 된다. 이것은 측정에 완전히 사로잡히지 말라는 애원이다. 우리는 부드러운 예감을 확인하기 위해 단단한 사실을 활용한다는 것을 알고 있다. 자 그러면, 반대로 사실을 확인하기 위해 직감을 활용하는 것은 어떤가? 비용이 내려가거나 수익이 올라가는 것을 볼 때마다 눈을 동그랗게 뜨고 숫자를 쳐다보아라. 숫자가 타당한지 자신에게 물어보아라. 타당하지 않다면 조사하라. 경비원과 경영자가 제멋대로 적은 그곳으로 가라.

내가 한때 알고 지냈던 어떤 사람은 영국 고위 공무원에게 그의 부서가 왜 그렇게 측정을 많이 하느냐고 물었다. 그의 대답은 "일이 진행되는 상황을 모를 때 측정 말고 다른 무엇을 할 수 있겠어요?"였다. 일이 진행되는 상황을 확인하기 위해 현장에 가보면 안 될까? 거기서 의심쩍은 숫자를 만나거든 도전해 보아라. 왜 그런지 알게 될 것이다.

경영의 보완으로서 측정은 괜찮다. 가능한 것은 측정하고, 가능하지 않은 것은 심각하게 받아들여라. 그리고 둘 다 깊이 숙고하여 경영하라. 즉, 만일 어떤 것을 측정할 수 없다면, 특히 측정할 수 있다면, 그것을 경영하라.

경영을 측정하는
까다로운 과제

당신은 경영자다. 그래서 자신이 일을 잘하고 있는지 알고 싶다. 당신 주위의 사람들은 당신이 일을 잘하고 있는지 훨씬 더 관심이 많다. 당신이 최고책임자라면 더욱 더 그렇다.

경영을 평가하는 수많은 쉬운 방법이 있다. 모든 방법을 주의하라. 경영자의 효과성은 오직 맥락 안에서만 판단될 수 있다. 여기 여섯 개의 명제를 하나씩 분해해 보기 전에는 경영을 평가하는 게 꽤 쉬워 보일 것이다.

(1) 경영자들은 효과적이지 않다. 짝들이 효과적이다.

좋은 커플이 있는 것이지 좋은 남편, 좋은 부인은 없다. 훌륭한 경영자와 사업 부문도 마찬가지다. 성공은 그 상황에서, 그 당시에, 그 잠깐에 사람과 사업 부문 사이의 어울림에 달려 있다. 이런 이유로 어떤 상황에서는 참을 만한 결점이 다른 상황에서는 치명적일 수 있다. 긍정적인 자질도 마찬가지다. 긍정적인 자질이 반드시 잘 이동하는 것은 아니다. 어느 회사에서 비용을 절감하는 기술이 다른 회사를 파산시킬 수 있다. 그래서 **(2) 일반적으로 효과적인 경영자는 없다.** 무엇이든 경영할 수 있는 그런 경영자는 없다는 뜻이다. 모든 경영 직무에서 실패한 경영자는 있을 수 있어도 모든 직무를 성공한 경영자는 없다.

당연히 경영자들과 그들의 부문은 함께 성공하고 함께 실패한다. 그래서 **(3) 경영자의 효과성을 평가하기 위해서 당신이 경영하는 부문의 효과성도 평가해야 한다.** 하지만 이뿐만 아니라 **(4) 경영자가 그 효과성**

에 기여한 바도 평가해야 한다. 어떤 부문들은 취약한 경영자라도 잘 돌아가는 반면, 어떤 부문들은 강력한 경영자가 없으면 훨씬 더 나빠질 수 있다. 그래서 경영자가 부문의 성공이나 실패에 자동으로 책임이 있다고 추정하는 것을 주의하라. 역사는 중요하다. 문화도 중요하고 시장도 중요하다. 심지어 (농장을 운영한다면) 날씨도 중요하다. 얼마나 많은 경영자가 자신을 유리한 직무에 교묘히 조종하는 것만으로 성공했는가. 일을 망치지 않도록 확인한 후 다른 사람의 등에 업혀 성공의 영예를 가로채는 그런 경영자들 말이다.

설상가상으로 (5) **경영의 효과성은 부문 너머, 심지어 조직 너머 평가되어야 한다.** 나머지 조직을 희생하면서 부문만 더욱 효과적으로 만드는 경영자가 무슨 소용 있겠는가? 예를 들면, 영업 부문이 너무 많은

위젯을 팔아 제조 부문이 따라갈 수 없고, 회사는 아수라장으로 변한다. 업무를 수행한 영업 부문의 경영자를 탓할 것인가? 전체 회사를 경영하는 총괄 경영진이 책임을 져야 하지 않은가? 물론이다. 하지만 커뮤니티십이란 영업 부문의 경영자가 영업 너머를 내다봄에도 책임이 있다는 뜻이다. 많은 조직이 전체 조직에 기여하는 부문들의 성과와 경영자들의 성과를 함께 평가한다고 상상해 보아라.

게다가, 부문에, 심지어 조직에 옳은 일이 이를 둘러싼 바깥세상에는 틀린 일일 수 있다. 고객 매수는 더 많은 매출을 불러올 수 있지만 이러한 효과성이 괜찮을까? 이탈리아의 파시스트 독재자 베니토 무솔리니는 열차를 제시간에 달리게 해서 유명해졌다. 이 점에서 그는 효과적인 경영자였거나 적어도 효율적인 경영자였다. 하지만 다른 측면에서 그는 괴물이었다.

당신은 이 모든 점을 종합해볼 때, '경영자를 평가해야 하는 사람이 어떻게 이 모든 것을 대처할 수 있을까?'라는 질문을 해야 한다. 적어도 이론상으로 대답은 간단하다: **(6) 경영의 효과성은 판단되어야 하지 단순히 측정되어야 하는 것이 아니다.** 판단을 기억하는가? 여전히 사전에 존재하는 그 단어이다. 그래서 다른 어떤 곳과 마찬가지로 여기에서도 마법의 특효약은 없다.

경영, 의학, 더 많은 분야에서의
증거와 경험

나는 몇 가지 증거와 경험으로 이 이야기를 시작하고 마무리하려 한다. 제일 먼저 자전거 타기, 마지막은 온난화, 중간에는 의학과 경영 이야기다.

자전거 오른쪽 핸들을 보면 뒷바퀴의 기어가 몇인지 알려주는 작은 숫자가 있다. 이 숫자는 증거다. 이 기어로 자전거를 탈 때 우리가 생생하게 느끼는 것은 경험이다. 당연히 평평한 지대에서 페달은 매우 빠르게 돌아간다. 증거는 우리가 그렇게 들은 것이고, 경험은 우리가 그렇게 느끼는 것이다.

이 사례를 더 생생하게 만들 수 있다. 우리는 자전거로 산을 오르고 시작점으로 다시 내려올 때, 내리막보다 오르막을 네 배 더 노력해야 한다. 오르막이나 내리막이나 거리는 정확히 똑같은데 어떻게 그럴 수 있을까? 사람들에게 이렇게 물으면 나를 흥미롭게 쳐다본다. 우리는 *거리*를 경험한 것이 아니기 때문이다. 거리는 추상적 개념이고 한낱 증거이다. 우리는 *시간*을 경험한다.

한번은 IMHL 의료 서비스 경영 프로그램에서 우리는 대부분 의사인 참가자들에게 증거부터 경험까지 그들의 업무를 도표에 표시해 달라고 요청했다. "증거에 기초한 의학"에 대한 과대광고에도 불구하고 그들은 자신들을 낱낱이 도표에 적었다. 이후 논의에서는 경영에서처럼 의학에서 증거와 경험 사이에 어떤 균형이 필요하다는 합의에 이르렀다. 한 의사는 "증거 유도 의학"으로 용어를 바꿀 것을 제안했다.[33]

실제로 의학 훈련은 교실의 증거 기반 가르침과 병원의 경험 습득 학습 사이의 균형을 유지한다. 하지만 전통적인 경영 교육, 즉 MBA 프로그램은 분석(증거)의 활용에 심하게 치우치고, 경험과 멀리 떨어져 있다. 학생들이 재무에 관한 강의를 듣거나 전략에 관한 기술을 배울 때 이론으로 보완되는 연구의 증거에만 초점을 맞추고 살아있는 경험에는 초점을 맞추지 않는다. 그리고 이러한 치우침은 직업으로 옮겨간다. 많은 졸업생이 판매와 생산의 핵심보다 마케팅과 기획은 물론 컨설팅과 재무의 직업을 선택한다. 실전 경험을 얻기보다 여전히 데이터 분석과 조작을 더 많이 선택한다.

사례연구도 다르지 않다. 경험을 교실로 가져오라고 주장하지만, 경험은 학생들과 다섯 배 떨어져 있다. 회사에서 무슨 일이 생기면, 종종 CEO가 이를 알리고,(전에도 말했듯이, 대부분 하버드의 사례는 CEO에 주력한다) 연구 조교가 이를 기록하고, 어떤 교수가 논문으로 쓰면, 학생들만큼 회사에 대해 아무것도 아는 게 없는 교수들이 이를 학생들에게 가르친다.

그래서 경영대학원은 경험으로 배우는 것보다 증거를 분석하는 것이 더 편한 사람들을 졸업시킨다. 이 사람들이 결국 경영의 길로 오면 흔히 배웠던 대로 경영한다. 경험보다 증거를 선호하고, 숫자에 의한 경영을 하고, 기술에 의존한다. (이것은 나중 이야기에서 입증된다)

지구 온난화도 마찬가지다. 증거가 압도적이다. 우리는 왜 지구 온난화에 대해 무언가를 좀 더 하지 않는가? 기득권은 제쳐두고 우리의 행동에 타당한 이유가 있을지도 모른다. 우리 대부분은 기후 변화에 대한 이야기를 충분히 들었지만, 그 결과를 거의 살고 있지 않다. 다시 말해, 우리는 증거를 알지만 경험이 부족하다. 우리는 스웨터를 입는 대신 히터를 높이면서 "빙하가 녹고 있는 건 참 안타까워….누군가 행동해야 하는데"라고 말한다. 반대로, 홍수로 집을 잃은 사람에게 물어보아라. 그래서 지구 온난화 문제에 대해서는 경험으로 죽기 전에 증거에 의존하는 게 더 낫다.

나탈 데일리 뉴스(1982년 6월 16일)의 기사: "기상 상태를 예측하기 매우 어려우므로 떠나기 전에 장기적인 일기 예보를 입수해야 합니다."

국민 행복이 어떻게 역겨워*졌는가?

티베트와 인도 사이에 부탄이라는 작은 왕국은 왕이 국민총행복GNH을 제시해서 유명해졌다. 이 왕은 우리가 아는 일반적인 왕이 아니다. 그는 자발적으로 민주 선거에 권력을 이양하기 전에 부탄의 숲 분포를 높일 것을 선언했고, 모든 아이가 영어를 배울 수 있도록 했고, 국민총행복을 소개했다. GNH는 국민총생산GNP에 질린 세계 사람들의 마음에 와닿았다. 로버트 케네디는 다음과 같이 평했다.

> 국민총생산(GNP)에는 공기 오염과 담배 광고가 있다...삼나무의 파괴가 있다... 그리고 폭력을 미화하는 텔레비전 프로그램이 있다...하지만 국민총생산은 우리 아이들의 건강은 고려하지 않는다. 교육의 질이나 놀이의 즐거움을 감안하지 않는다...요컨대 삶을 가치 있게 만드는 것만 빼고 모든 것을 측정하고 있다.[34]

GNH는 네 개의 "기둥"을 바탕으로 한다: 훌륭한 통치, 지속 가능한 개발, 문화의 보존과 증진, 환경보호. 이들은 아홉 개의 "범위"로 정교화 된다. 건강, 교육, 심리적 행복well-being, 커뮤니티 활력 등이 있다. 정말 단순하다.

GNH에 대해 궁금하기도 하고 산을 좋아하는 나는 2006년에 부탄에 방문했다. 부탄의 많은 지식인과 논의하면서 나는 두 가지에 놀랐다.

---

*역자 주: gross는 대개 "총체(총계)"의 의미로, "경비 따위를 공제하지 않은 전체 (소득)"을 의미할 때 사용하는 단어이다. 하지만 속어로 사용될 때 "혐오스러운, 역겨운"이란 뜻이 되기도 한다.

첫째, 그들은 GNH를 어떻게 측정하는지 전혀 몰랐다. 둘째, 나라가 가르침을 충실히 행하기 때문에 이것은 별로 문제가 되지 않았다. BBC 기자는 가난하지만 삶이 오히려 즐거운 나라 부탄에서 GNH는 "삶의 방식"이 되었다고 말했다.

이 일이 있은 지 얼마 안 돼서 경제학자들은 GNH가 고장 나지 않았는데도 GNH를 고치기 위해 부탄을 불시에 방문했다. 결국, 부탄 사람들이 GNH를 측정한 게 아니라면 어떻게 GNH를 경영할 수 있었을까? 곧 경제학자들은 아홉 개의 각 영역을 "가중, 비가중 GNH 지수로…72개의 지표를…사용하여 분석했다…심지어 수학 공식은 행복을 가장 작은 구성 요소로 줄이는 것을 고안해냈다."[35] 5시간에서 6시간이 걸리는 어느 설문조사에는 "750개의 변수가 있었다."[36] 이러한 전문 과학자들은 무사히 총계를 산출했지만, 과연 행복을 산출한 것일까?

GNH 비평가들은 GNH의 주관적 판단에 이의를 제기했다. "경제학 교수 디어드리 맥클로스키Deidre McCloskey는 사회가 사람들에게 '오늘 날씨가 "더웠는지, 좋았는지, 추웠는지"를 물을 때, 물리학에 기초'할 수 없다는 비유를 들면서…이러한 측정이 비과학적이라고 비판한다."[37] 교육, 문화, 행복이 온도처럼 측정 가능하다면 좋을 텐데. 나는 GNH에 대한 더 큰 위협이 GNH를 근절하고 싶어 하는 적에게서 오는지, 아니면 GNH를 측정하고 싶어 하는 친구에게서 오는지 의아하다.

모든 측정이 있은 지 얼마 안 되어, 2013년에 하버드 경영 대학원에서 경제학자 마이클 포터와 함께 공부했던 체링 톱게Tshering Tobgay는 국무총리가 되었다. 곧 그는 GNH가 "당면한 실제 사업에서 [몇몇 사람들을] 멀어지게 만듭니다"라고 주장했다.[38] 즉 "핵심은…우리가 더 열심히 일해야 합니다."³⁹ 그는 이것을 이해했지만, GNH를 이해하지 못했다. GNH를 "매우 어렵고" 실제로 "일을 더 복잡하게 하는 것"으로 이해했다.⁴⁰

F. 스콧 피츠제럴드는 "최고 수준의 지성을 판단하는 기준은 마음속에 상반된 생각을 동시에 가지고 있으면서도 흔들리지 않는 능력이다"라고 주장했다.⁴¹ 나는 측정과 행복을 동시에 다루지 못하는 경제학자 또는 국무총리에게 측정을 버리고 행복을 즐기라고 제안하고 싶다.

4장

개발 이야기

**모두가 똑같이 생각한다면,
아무도 생각하지 않은 것이다.**
— 벤저민 프랭클린

잭의 차례

어느 하버드 교수는 강의에서 학생들은 "교수가 '답'을 주기를 기다린다"라고 말했다. 행동에 대한 선입견이 있다. 우리가 사례연구 방법으로 말하려는 바도 "자, 당신은 충분한 정보를 가지고 있지 않지만 주어진 정보로 무엇을 할 것인가?"이다.[42]

"좋아, 잭, 너는 맘모스Mammoth 주식회사의 CEO야. 이제 회사는 무엇을 해야 할까?" 교수와 87명의 학생은 "갑작스러운 질문"에 대답하려는 잭을 걱정스럽게 기다린다. 학생들은 갑작스러운 질문을 위해 반드시 사례를 준비해야 한다. 잭은 준비했다. 사례연구 방법의 의도가 "전통적인 사고에 도전"이라고 들은 후 잭은 오랫동안 생각해왔다. 또한 잭은 훌륭한 경영자는 결단력이 있으므로 훌륭한 MBA 학생은 견해를 밝혀야 한다고 스스로 계속 상기했다. 그래서 잭은 침을 삼키고 질문에 답한다.

잭은 말한다. "제가 어떻게 질문에 답할 수 있을까요? 저는 어제서야 맘모스를 알게 되었지만 교수님은 오늘 제가 그 회사의 전략에 대해 발표하기를 원해요."

"어젯밤에 준비해야 할 두 가지 사례가 더 있었어요. 그래서 엄청난 수의 직원과 제품을 가진 맘모스를 한두 시간 읽어보았습니다. 사례를 한 번 빠르게 읽었고…음…천천히 한 번 더 읽었죠. 저는 맘모스의 제품을 한 번도 의도적으로 사용해본 적이 없어요. 지하실에서 쓰는 쥐약을 만드는 지도 어제서야 알게 되었습니다. 저는 맘모스의 공장에 들어가 본 적이 없고, 맘모스의 본사가 있는 뉴펀들랜드Newfoundland의 컴 바이

챈스Come By Chance에도 한 번도 가 본 적이 없어요. (저 자신 말고는) 고객들과 이야기해본 적이 없고, 이 사례에 언급된 사람 중 누구도 만난 적이 없어요. 게다가, 맘모스는 상당히 첨단 기술 회사이고, 저는 아주 저차원 기술의 사람이에요. 저는 가구 공장에서 조금 일했을 뿐입니다. 제가 참고해야 하는 것은 겨우 몇 페이지가 다예요. 이것은 피상적인 연습이고 교수님의 질문에 답변을 못 하겠습니다."

잭에게 무슨 일이 일어날까? 경영대학원에서 일어날 일을 한번 추측해 보아라. 하지만 잭은 가구 사업으로 돌아가 제품, 사람, 프로세스에 몰두한다. 결단력 있는 용기와 전통적인 사고에 도전하는 용기로 그는 능력을 발휘하여 CEO가 된다. (다음 강의에 나왔을) 사업 분석 없이 그와 그의 동료들은 가구 사업을 완전히 변화시킬 전략으로 가는 길을 배운다.

한편, 잭 옆에 앉은 빌이 끼어든다. 빌도 컴 바이 챈스에 한 번도 가본 적이 없지만 그런 사실이 그를 막지 못한다. 빌은 한두 가지 영리한 주장을 펴고 MBA를 따낸다. 그는 일류 컨설팅 회사로 가게 되고, 그곳에서 사례연구 수업과 마찬가지로 하나의 상황에서 또 다른 상황으로 도약한다. 그는 최근 아는 게 전혀 없는 쟁점들에 대해 매번 영리한 한두 가지 주장을 펴고 매번 실행하기 전에 떠난다.

이러한 경험들이 쌓이면서 빌은 주요 가전제품 회사의 최고경영자가 된다. (그는 가전제품 회사를 한 번도 컨설팅해본 적이 없지만 맘모스의 사례를 상기한다) 그곳에서, 직원 수천 명을 다운사이징하고 현란한 최첨단 전략을 수립한다. 전략은 이를테면 극적인 인수 프로그램을 통해 실행된다. 무슨 일이 일어날까? 한 번 더 추측해 보아라. (또는 다음

이야기를 읽어보아라)

"[두 명의 학생이 쓴 책 *하버드 경영 대학원에서 진짜로 가르치는 것의*] 독자들은 아마도 '나더러 사례를 읽고 두 시간에서 네 시간 안에 분석하라고?'라고 물을 것이다. 하버드의 답변은 '그렇다'이다. 학생들은 매일 두 개에서 세 개의 사례를 준비한다…그래서 [그들은] 잘해야 할 뿐만 아니라 빠르게 분석을 마쳐야 한다."[43]

몇 년 전, 하버드 경영 대학원이 경영 교육 프로그램을 위한 광고를 이코노미스트지에 올렸다. 임원으로 보이는 한 여자가 "우리는 하루에 네 개의 회사를 연구합니다. 이는 이론이 아닙니다. 이는 경험입니다"라고 말하는 것이었다. 터무니없는 소리다.

MBA CEO들,
골치 아픈 증거

경영대학원, 특히 가장 많은 CEO를 배출한 하버드는 졸업생 중 몇 명이 CEO가 되었는지 자랑하기를 좋아한다. 하지만 이 사람들이 CEO로서는 어떨까? CEO 자리에서 수행해야 하는 기술이 그들을 CEO 자리에 도달하게 만든 기술과 같을까?

    MBA 학생들은 대부분 똑똑하고, 단호하고, 공격적인 모습으로 일류 경영대학원에 입학한다. 경영대학원에서 사례연구는 학생들에게 거의 모르는 상황을 영리하게 발표하는 방법을 가르친다. 분석적 기술은 그들이 어떤 문제도 다룰 수 있다는 인상을 심어준다. 심층 경험은 필요 없다. 졸업하면 괜찮은 경영대학원을 나왔다는 자신감이 붙는다. 그

4장 개발 이야기

들을 "꼭대기"로 올려줄 수 있는 "동창회" 인맥은 말할 것도 없다. 그다음은?

놀라운 증거들

연구소들은 '그다음은?'이란 질문을 깊이 파고들지 않는다. 몇 년 전, 나와 조셉 람펠Joseph Lampel은 예외를 두었다. 나는 데이비드 유잉David Ewing의 책 하버드 경영대학원 내부 이야기가 1990년에 출판되고 난 뒤 10년 후에 이 책을 봤다. 유잉은 오랫동안 내부자였다. "하버드 경영대학원은 아마도 세계에서 가장 영향력 있는 사립 대학교일 것이다"가 첫 문장이었다.[44] 책은 "최고의 자리에 오른" 하버드 졸업생 19명의 목록을 만들었다. 대학원의 1990년대 슈퍼스타들이다. 나는 1990년 이후 어떤 목록에도 등장하지 않은 그들 몇 명을 주목했다.

나와 조셉은 19명의 1990년 이후 기록을 조사했다. 그들이 어떻게 지내고 있었을까? 한마디로 말하자면, 형편없었다. 대다수, 즉 10명은 분명히 실패한 것처럼 보였다. 회사가 파산했거나, CEO 자리에서 강제로 물러났거나, 주요 합병이 역효과를 냈다 등등. 또 다른 4명의 성과는 의심스러웠다. 이들 CEO 14명 중 몇 명은 아주 극적으로 사업체를 세우거나 방향을 바꿨지만, 다시 극적으로 약화하거나 무너졌다. 다른 5명은 그나마 괜찮아 보였다.

예를 들어, 프랭크 로렌조Frank Lorenzo는 그가 이끌었던 세 항공사에서 큰 실패를 경험했고, 로이 보스톡Roy Bostock은 유명한 광고 회사 벤튼 앤 보울스Benton & Bowles를 10년 동안 이끌고 은퇴한 지 5년 후에 회사가 문 닫는 것을 보았다. 물론 가장 두드러지고 극적인 이야기는 벤딕스Bendix의 CEO이자 이후에 건설회사 모리슨-넛슨Morrison-Knudsen의 CEO였던 빌 에이지Bill Agee이다. 포춘의 평론가는 에이지 옆에서 일했던 또 다른 하버드 MBA 졸업생 메리 커닝엄Mary Cunningham의 책에 대해 다음과 같이 논평했다.

> 실제 사업에 관한 논의가 거의 없는 것은 전략이라고 불리는 신 앞에서 무릎을 꿇는 것과 같다... 내가 아는 바로는, 벤딕스는 고루하고 진부한 수많은 제품에서 벗어나 현란한 최첨단 기술로 갔다. 그녀는 훌륭한 아이디어는 고사하고 무엇이 이것을 엄청나게 기발한 아이디어로 만들었는지 말하지 않는다.[45]

또 다른 포춘 기사는 자세히 설명했다. 에이지는 "쉽게 재무와 회계를 처리했고, 빈틈없이 자산을 팔아 다른 회사에 투자했다...[하지만 나중에] 최첨단 기술로 가고자 했던 벤딕스의 잘못된 노력은...기업 인수의 시도는... 역효과를 냈고, 벤딕스의 매각을 불러왔다." 이후에, 모리슨-넛슨에서 에이지는 "끔찍한 사업 결정을 내렸다." 몇몇 최고경영진의 말에 의하면, 그는 수천만 달러의 소득을 올리기 위해 의심스러운 회계 관행을 따랐다. 필자는 "에이지의 치명적인 단점은 경영자로서의 약점이었다"라고 결론지었다.[46]

하지만 한편으로 에이지는 아마도 리더가 아니었다기보다 경영자가 아니었다.(다음의 규칙을 읽고 판단해 보아라) 그렇다, 교실에 한두 해 가만히 앉아 있다고 모든 사람의 경영 잠재력이 망가지지 않는다. 결국은 또 다른 5명의 CEO도 있지 않은가. 하지만 14명의 성과는 MBA 학위가 그른 사람들을 성공적으로 CEO 자리에 앉혀 왔다는 것을 시사한다. 또한 사례와 분석에 대한 강조가 올바른 사람들에게 경영의 그른 인상을 심어줄지도 모른다는 것도 시사한다.

> **고결한 리더가 되기 위한 규칙들**
>
> - 언제든 모든 것을 바꿔라. 특히, 모든 사람이 (발을 땅에 확고히 고정해 놓는 게 아니라) 바짝 긴장하도록 계속 재조직하라. 결과가 어떻든 이 행동을 바꾸지 마라.
>
> - 내부자를 조심하라. 사업을 아는 자라면 누구든 용의자다. 완전히 새로운 "최고 팀"을 들여와라. 그리고 컨설턴트에게 의지하라. 컨설턴트는 사업을 잘 몰라도 고결한 리더를 알아볼 것이다.
>
> - 현재에 집중하라. 지금 극적인 거래를 해라! 과거는 죽었고, 미래는 (상여금과 멀리 떨어져) 있다. 기존 사업을 무시하라. 확실히 자리 잡은 것은 변하는 데 시간이 걸린다. 대신, 잘 모르는 악마와 함께 미친듯이 합병하라. 주식 시장 분석가의 관심과 단기 투자자의 관심을 확실히 잡을 것이다.
>
> - 숫자를 강조하라. 그러면 성과를 생각할 필요도 없고, 경영할 필요도 없다. 마찬가지로 당신이 더 중요한 사람이라는 것을 알리기 위해 일개 직원들보다 수백 배 더 많이 받을 수 있도록 처리하라. 이것이 리더십이다! 무엇보다도 주가를 올리고, 현금으로 바꾸고, 도망가라. 고결한 리더는 수요가 많다.

여전히 더 놀라운 것

확실히 우리의 연구 결과는 놀랍다. 아무것도 입증하지 않았지만 분명히 심각한 우려를 낳았다. 명성 있는 MBA 학위가 정말로 경영의 실천을 망칠 수 있는가?

여전히 더 놀라운 것은 우리의 연구(거의 십만 부가 팔린 나의 2004년 책 *MBA가 회사를 망친다*Managers not MBAs와 포춘 잡지 기사 안에 크게 주목받은 연구)를 뒤따르는 것이다.[47] 뒤따르는 게 아무것도 없다. 당신은 우리의 연구가 아마 경보를 울리거나 적어도 조금의 호기심을 일깨웠다고 생각할지 모른다. 하지만 결과가 아무 것도 없었던 것처럼 우리의 연구가 경영대학원에 대해 말해주는 바는 아무것도 없었다.

여전히 더 골치 아픈 것

최근, 두 명의 경영대학원 교수 대니 밀러Danny Miller와 샤오웨이 위Xiao-wei Xu는 더 큰 표본의 두 가지 연구(그리고 더 골치 아픈 결과들)로 이 쟁점에 대해 의견을 냈다.

그들은 "덧없는 영광, 유명한 MBA CEO들의 자기 잇속만 차리는 행동"[48]에서 기발한 표본(1970년부터 2008년까지 *비즈니스 위크, 포춘, 포브스* 잡지 표지를 장식한 미국 회사의 최고경영자 444명의 표본)을 사용했다. 그들의 연구는 MBA가 이끄는 회사들(전체의 4분의 1)과 그렇지 않은 회사들의 차후 성과를 비교했다.

두 그룹 모두 표지 기사 이후 성과가 줄었다. 밀러는 "최고의 자리를 유지하기 어렵다"라고 평했다. 하지만, MBA가 이끄는 회사들의 성과가 더 빨리 줄었고, 성과 감소는 "표지 기사가 나오고 7년이 지난 후에도 여전히 유의미했다." 저자들은 "MBA 학위가 인수를 통해 성장을 달성하는 방편과 관련 있다…이는 감소한 현금 유동성과 낮은 총자산순이익률ROA의 형태[로 나타남]"을 발견했다. 하지만 MBA CEO들의 보상은 실제로 증가했고, 실제로 MBA가 없는 사람들보다 15퍼센트는 더 빨리

"가치"를 홀딱 집어삼키다

증가했다! 보아하니, 그들은 "자기 잇속만 차리는" 방법을 배워 왔고, 밀러는 이를 "대가가 큰 급속 성장"이라고 불렀다.[49]

두 번째 연구는 "MBA CEO들, 경영과 단기성과"[50]라는 제목으로 2003년부터 2013년까지 미국의 주요 공기업체 CEO 5,004명의 더 넓고 더 최신의 표본을 사용했다. 결과는 비슷했다. "MBA CEO들은 MBA가 없는 사람들보다 긍정적인 실적 경영과 연구개발 억제와 같은 단기 전략 방편에 관여하기 더 쉽다. 결국, 절충된 회사의 시장 가치가 따라온다." MBA CEO들은 다시 한번 이 "성과"로 보상받는다.

이러한 문제는 왜 지속되는가?

당연히 어떤 측면에서 경영대학원은 대단히 성공적이다. 중요한 연구를 많이 한다. 어떤 경영대학원은 학제 간 작업의 연구소이고, 최고 경영대학원은 심리학자, 사회학자, 경제학자, 역사학자 등을 결합한다. MBA 프로그램은 경영의 실천은 아니지만, 재무와 마케팅 같은 사업의 기능을 위해 학생들을 제대로 훈련한다. 그렇다면 경영대학원은 너무 많은 잘못된 경영을 양성하는 것처럼 보임에도 왜 이러한 경영 교육을 계속 홍보하는가?

음, 수많은 졸업생이 사회뿐만 아니라 회사와 경제를 부패하게 만들더라도 "최고 위"로 올라가는데 왜 변하겠는가?

"항상 하던 대로 하면 항상 얻는 것만 얻게 되어 있다."[51]

4장 개발 이야기   117

경영학 너머
경영자 참여시키기*

기업 교육은 많지만 경영 교육은 없다. 그렇다면 당신은 일을 능숙하게 하지만 일을 망치는 MBA들에게 무시당하는 경영자로서 무엇을 해야 하는가? EMBA를 따서 그들과 함께하라고? 여기서 EMBA는 *경영학 너머 경영자 참여시키기*engaging managers beyond administration만을 의미한다.

당신은 진정 정돈된 줄에 맞춰 앉아서 행동과 참여에 관한 강의를 듣고 싶은가? 직접 경험은 무시되면서 거의 알지도 못하는 회사에 대해 발표하고 싶은가? 게다가 당신은 경영학에 관심이 있는가 아니면 경영의 실천에 관심이 있는가?

몇 년 동안 나는 경영대학교에서 경영을 위한 기존의 MBA 교육의 문제가 무엇인지에 대해 강연을 했다. 즉 기존의 MBA는 잘못된 사람들을 잘못된 결과를 낳는 잘못된 방법들로 훈련한다. 이게 전부다. 사람들은 경험이 부족하다. 경영자는 교실에서 만들어질 수 없다. 너무 분석적이게 된다. 교수들은 경영이라는 예술과 공예를 가르칠 수 없어서 분석과 기술을 가르치며, 과학에 의존하거나 사례연구의 단절된 경험을 사용한다. 그리고 졸업생들에게 모든 것을 경영할 수 있다는 인상을 주어서(사실 아무것도 경영할 수 없도록 배운다) 결과는 종종 끔찍하다.

---

*역자 주: EMBA는 Executive MBA로 1953년부터 시카고 경영대학원에서 시작하여 미국과 유럽의 경영대학원에서 진행되는 최고경영자 과정을 말한다. EMBA는 일반 MBA에 비해 짧은 기간에 이수할 수 있다. 하지만 이 책에서는 Engage Managers Beyond Administration(경영학 너머 경영자 참여시키기)라는 의미로 사용하고 있다.

졸업할 때 그들의 이마에는 해골 표시(두개골과 교차한 뼈)로 MBA 도장이 찍힌다. *주의! 경영할 준비가 되어있지 않음!*

강연에서 사람들은 학자에게 절대로 해서는 안 될 질문을 나에게 하기 시작했다: *당신은 이것에 대해 무엇을 하나요?* (우리 학자들은 비평을 하는 것이지 어떤 것에 대해 무언가를 하는 게 아니다) 당황할 수밖에 없었던 나는 경영자를 위한 국제 석사 프로그램(IMPM)[52]을 만들기 위해 세계의 유명한 경영대학원 동료들과 협력했다.

경영자들은 교실에서 만들어질 수 없지만, 능숙한 경영자들은 경험을 반성하고 통찰을 공유할 수 있도록 서로 용기를 주는 교실에서 많은 혜택을 얻을 수 있다. T. S. 엘리엇은 드라이 셀베이지즈 The Dry Salvages 에 "우리는 경험을 했지만, 의미를 놓쳤다"라고 썼다. 경영 교육은 경험의 의미를 얻는 것이어야 한다.

평균 나이 40살의 IMPM의 경영자들은 직장에 계속 근무하면서 프로그램에 참여한다. 5개의 모듈은 10일씩 걸려 16개월에 걸쳐 진행되며 영국, 캐나다, 인도, 일본, 브라질에서 열린다. 모듈들은 사업의 기능이 아닌 경영의 마인드셋에 집중한다.

- 성찰, 자기 자신 경영하기
- 분석, 조직 경영하기
- 월들리, 맥락 경영하기
- 협력, 관계 경영하기
- 행동, 변화 경영하기

1996년 첫 모듈인 성찰 마인드셋을 마쳤을 때, 모든 사람은 "만나서

4장 개발 이야기   *119*

너무 반가웠어요!"라고 말했고, BT의 영업부장인 알란 휄란Alan Whelan
은 "저 자신을 만나서 너무 즐거웠어요!"라고 말했다.
   우리 프로그램은 50대 50 규칙이 있다. 수업 시간의 절반은 경영자
들과 그들의 안건에 쓰인다. 그래서 그들은 언제든 워크숍에 들락거릴
수 있도록 둥근 테이블에 앉는다.

   경영자들은 다음 페이지의 첫 번째 그림에 나오는 셀피-사일로selfie-
silo에 앉으려고 낙하산을 타고 교실로 떨어지는 외로운 늑대들이 아니
다. 그들은 맥락에 연결된 사회적 학습 커뮤니티 동료들이다. 두 번째
그림에 나타난다.
   이러한 자리 배열은 다양한 새로운 실천들을 이끌었다.[53]

- **친절한 컨설팅**   친절한 컨설팅에서, 소그룹 동료들은 경영자의 개별

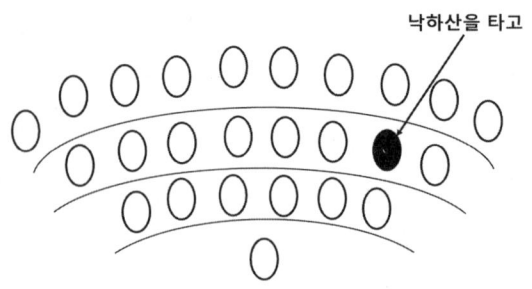

개발 사일로 속 개인

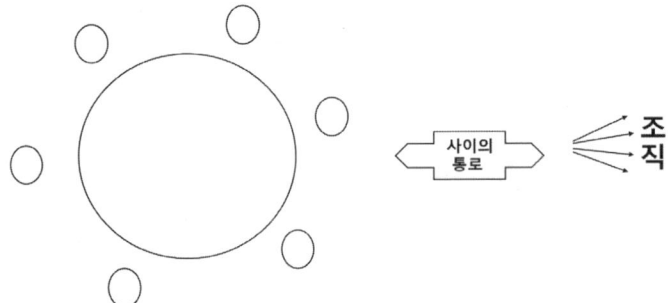

개발 커뮤니티의 대표

적인 근심에 관심을 기울인다. 어떤 사람은 프로그램 중에 자신의 경영자가 갑자기 일을 그만두어서 공석이 된 자리를 맡을지 말지를 고심했다. 친절한 컨설팅의 도움은 점심시간까지 이어졌다.

• **경영 교환** 마유르 보라Mayur Vora는 인도 푸네Pune에서 잼 회사를 운영하고 있었고, 프랑수아즈 르 고프Françoise Le Goff는 제네바에 있는 국제 적십자 연맹의 아프리카 부대표였다. 그들은 IMPM 경영자들이 짝을 이뤄 서로의 사무실에서 일주일 대부분을 보내는 첫 번째 *경영 교환*을 해보았다. 경영 교환을 시작할 때, 마유르는 프랑수아즈가 타자치는

모습을 보고 "비서가 할 수 없나요?"라고 물었다. 월들리 마인드셋에 온 걸 환영한다. 제네바는 푸네가 아니다. (우리가 "글로벌"이 아닌 "월들리"라고 부르는 이유다. IMPM은 자신의 세상을 더 잘 이해하기 위해 다른 사람의 세상에 들어가는 것이다) 마지막 날, 마유르는 프랑수아즈에게 프랑수아즈의 직원을 만나 행복했다고 말했다. 모든 직원은 마유르를 통해 프랑수아즈의 경영 스타일에 대한 자신들의 인상을 전하기 위해 줄을 섰다. 프랑수아즈는 마유르가 "나의 거울 같았다"라고 말했다.

- **IMPact 팀들** 우리는 경영자들에게 직장으로 돌아가 IMPact 팀을 만들라고 요청한다. 변화를 위해서 학습을 자신들의 조직으로 옮겨 달라고 요청한다. 변화한 사람을 변화하지 않은 조직으로 절대 돌려보내지 말라는 말이 있다. 하지만 우리는 항상 경영 개발 프로그램에서 그렇게 한다. 참가자들은 변화 결과로서 조직을 변화시켜야만 한다. IMPM의 어느 참가자는 심각한 문제를 겪던 자신의 작은 회사를 수습해야만 했다. 그의 말에 따르면, 그는 회사를 구한 팀을 만들었다.

MBA는 자신이 잘하는 것, 즉 사업의 특수화된 직무를 위해 사람을 훈련시키는 것을 인식하는 한 괜찮다. 하지만 자신이 못하는 것, 즉 사람들에게 경영을 준비시키는 것도 인식해야 한다. MBA 너머 *경영* 교육을 할 시간이다.[54]

그냥 거기 앉아만 있지 마라...

이 이야기는 조나단 고슬링Jonathan Gosling과 함께 썼다.

이사회 의장이 끝날 때까지 아무 말 못 하고 뒤쪽을 바라보는 이사회를 상상해 보아라. 기조연설자가 아닌 기조연설 경청자가 있는 회의를 상상해 보아라. 경영자들이 둥글게 앉아 유치원에서 했던 것처럼 "발표하는show and tell" 모습을 상상해 보아라. 모든 것이 바보처럼 들리는가?

우리는 이러한 바보 같은 것들을 수년간 우리의 경영 개발 프로그램에서 성공적으로 해왔다. 사람들은 더 잘 듣고, 더 사려 깊게 말하고, 더 효과적으로 문제를 다룬다. 우리는 단지 "연설자"의 말을 듣거나, 말할 차례를 기다릴 때만큼은 누구의 말도 듣지 않거나, 모든 사람이 한꺼번에 말하려는 회의를 견디는 대신 교실 안팎에서 열린 토론과 개발을 장려하는 다양한 자리 배열을 이용한다.

우리가 IMPM을 만들었을 때, 낸시 바도레Nancy Badore는 "사람들을 어떻게 앉힐 건가요?"라고 물었다. 낸시는 포드Ford 경영진들을 위한 새로운 프로그램을 개발했고, 우리가 프로그램을 차근차근 생각해 보도록 도와주고 있었다.

"아마 U자 모양 강의실처럼 앉히면 되지 않을까요?" 우리의 대답이었다.

"그런 산부인과 의자 발 걸개*는 안 돼요!" 낸시가 쏘아붙였다. 우리는 무슨 말인지 알아차렸다! 우리는 바로 시작했고 (사람들이 우리에게

---

*역자 주: 임신부의 발을 받히기 위해서 의자 양쪽에 늘어뜨린 U자 모양의 발 받침대를 말한다.

뒤로 돌아 기조연설을 경청하라고 요구했을 때를 제외하고는) 절대 뒤돌아보지 않았다.

절반의 시간을 좌담에 할애하기 우리는 경영자들이 수업 시간의 절반을 서로 배우면서 쓸 수 있도록 작은 둥근 테이블들에 앉히기로 했다. 갈라놓을 필요가 없다. 물론 교수들에게 배울 수 있지만, 서로 배우는 것이 더 많다. 둥근 테이블들은 개별 참여자들의 모임을 사회적 학습자의 커뮤니티로 바꿨다.

큰 원 안에서 발표하기 우리는 좌담이 끝난 후 총회의에서 대부분의 프로그램이 해왔던 것을 했다: 각 테이블에서 최고의 아이디어를 요청하기. (지루한 한 바퀴 돌기) 그러다 어느 날 새로운 동료는 자신을 포함해서 모든 사람을 큰 원 안에 앉혔다. 거대한 발표하기 논의가 이어졌다. 다음날, 또 다른 동료는 다시 큰 원 안에 모두를 앉히고, 그곳에 서서 마치 '당신이 말하도록 허락 해주고, 당신이 논평하면 영리한 답변을 해줄게요'라고 말하는 것처럼 보였다. (역시 교수들은 공언해야 한다)

다음날, 우리 중 한 명은 다시 원 안에 서서 "제가 담당자입니다"라고 공표하고 나가버렸다. 그가 총회의가 끝나고 돌아왔을 때 사람들은 다음에는 그도 다른 사람과 마찬가지로 원 안에 있어야 한다고 알려 주었다.

기조연설 경청하기 이것은 어떨까? 각 테이블에서 한 사람은 말하지 않고 몸을 돌려서 대화를 엿듣는다. 기조연설 경청자가 되는 것이다. 그런 다음, 각 테이블에서 들은 바를 총회의에서 보고한다. 결국, 훌륭한 경영자는 훌륭한 경청자여야 하는 것 아닐까?

안쪽의 원   우리는 이따금 총회의에서 이러한 엿듣는 사람들을 가운데로 모은 후, 작은 원안에서 서로 마주 보고 그들이 들은 것을 이야기하게 한다. 그들을 둘러싼 큰 원에서 다른 모든 사람은 그들의 이야기를 듣는다. 사실상, 바깥의 모든 사람은 그들이 방금 말한 것을 엿듣는 사람이 되는 것이다.

들락날락 톡톡 치기   안쪽 원의 사람들이 이야기를 마치면, 바깥의 몇 명이 무언가 추가하고 싶어 근질근질할 때, 안에 있는 누군가를 톡톡 쳐서 교체할 수 있다. 토론은 계속된다. 실제로 새로 생기를 되찾는다. 여기 꽤 흥미진진한 점이 있다. 한 번에 단지 몇 명과 진행되고 재개되는 대화에는 참여자만 있을 뿐 담당자는 없다. 언젠가 뉴욕 타임스 기자가 IMPM 교실을 방문했고, 우리는 그를 안쪽 원에 앉혔다. 문제는 누구도 과감히 그를 톡톡 쳐서 교체하지 못했다![55]

교실 너머   이러한 모든 것은 경영자들과 교수들이 교실에서 좋은 시간을 보내기에는 좋게 들리지만 거기서 끝나면 안 된다. 우리는 큰 회의에서 기조연설자들을 기조연설 경청자들로 교체했다. 워크숍이 끝날 때, 우리는 "자 빠르게 여러분의 테이블에서 진짜 좋은 아이디어를 가진 사람을 지목하세요"라고 요청하고, 그 사람을 앞으로 나와 설명하게 함으로써 작은 둥근 테이블들이 놓인 방 속 200명의 대화를 보고받았다.

한 참가자는 이 연습을 "큰 회의를 의미 있는 대화 시리즈로 만드는 훌륭한 방법"으로 묘사했다.

경영 사무실 속으로 우리는 아직 주요 회사의 이사회 회의에서 의장을 변화시키지 못했다. (의장은 아마 회사를 변화시키느라 너무 바쁠지도 모른다) 하지만 이 모든 것을 직장으로 가져가는 것을 상상해 보아라. 둥근 테이블, 성찰, 엿듣기, 큰 원과 작은 원. 아니면 상상하지 말고 우리의 또 다른 프로그램(embaroundtables.com, 비슷한 경험이지만 일주일 동안 진행한다)에서 자리 배치를 경험한 카를로스^{Carlos}에게 물어보아라. 그는 멕시코시티에 있는 공장으로 돌아가서 둥근 테이블을 설치하고, 어려운 쟁점을 성찰해 볼 필요가 있을 때마다 "매우 자주 사용합니다"라는 언급과 함께 사진을 우리에게 메일로 보내왔다.

테이블에 둘러앉아 자신을 코칭하기 교수, 교실, 회의가 필요 없는 CoachingOurselves.com이라는 또 다른 계획이 생겼다. 경영자들은 직장에서 DIY(스스로 직접 만들기)를 개발하기 위해 하나 이상의 팀으로 모인다. 각 팀은 특정한 모듈(예를 들어, "전략적 맹점," "우리의 조직을 커뮤니티로 개발하기," "전략 만들기")의 슬라이드를 내려받고 자신의 공통 경험과 연결하여 조직 향상을 위해 개발한 통찰력을 진척시킨다.

경영자들이 앉는 방법과 위치를 바꾸어라, 그러면 경영 개발은 조직 개발이 될 수 있다.[56]

5장

맥락 이야기

전쟁 발발로 인한 끔찍한 약탈에 대해
걱정과 조바심을 내는 사람들이 해마다 나를 찾아왔다.
그때마다 나는 부정했다. 나는 단지 두 번 틀렸을 뿐이다.
— 영국 외무부 연구자, 1903-1950

가족 기업 경영하기

승계 문제만 해결한다면 나는 가족 기업을 지지한다. 아버지를 따라 사업에 뛰어드는 아들이 의심스럽고, 딸을 제쳐 두는 것은 고사하고 (이에 대해서 다시 다루겠다) 자신의 아들이 사업에 뛰어들기를 고집하는 아버지에게는 더 큰 의심이 든다. 가족 기업은 승계 그물을 더 넓게 쳐야 하고, 주식시장 너머로 던져야 한다.

아버지 따르기

나의 아버지는 충분히 성공한 기업가였다. 아버지는 의류 산업에 사업체를 세웠고, 우리 가족은 안락한 생활을 했다. 나는 태어날 때부터 아버지 밑에서 절대 일하지 않겠다고 주장했다. 그래서 때가 됐을 때, 나는 학자가 되었고 아버지는 사업체를 팔았다.

몬트리올에서 나와 함께 자란 많은 아이도 기업가 집안에서 자랐지만, 나와는 태어날 때부터 달랐다. 그들은 거의 자동으로 가족 기업에서 일했다. 몇 명은 괜찮게 했고, 가끔 사업을 상당히 키운 사람도 있었다. 하지만 대부분은 그들이 할 수 있는 만큼만 사업을 지속했고, 그렇지 않으면 사업을 끝어내렸다. 그리고 몇 명은 유산을 투자하는 삶에 정착하려고 자신들을 사업 밖으로 몰아냈던 친척들과 경쟁 관계가 되었다. 모두 종합해보면 기록은 좋지 않았다. 내가 자라면서 알던(꽤 유명했던 몇몇 기업을 포함한) 모든 기업 가운데 남은 기업이 거의 없었다.

이는 유명한 궤적을 따른다. 1세대가 성공하면, 2세대는 유지하고, 3세대는 망쳐버린다는 궤적. 몬트리올에서의 나의 어린 시절 가장 유명한 예시는 사뮤엘 브론프만Samuel Bronfman이 설립한 세계에서 가장 큰 위스키 회사 시그램Seagram's이었다. 그는 한때 세계에서 제일 부자로 평판이 나 있었다. 그의 아들 에드거Edgar는 뉴욕의 지사를 맡았다. 에드가는 영화 제작에 반한 그의 아들 주니어 샘Junior Sam이 이 거대 기업을 말아먹을 때까지 회사를 유지했다.

누구도 사업 천재 밑에서 태어난다고 부를 상속받는 것은 고사하고 사업 천재가 될 수 없다. 부는 활기찬 가족 회사를 운영하는 데 필요한 독창성과 에너지를 줄 수도 없다. 하지만 많은 자식은 그 부를 잘 알고 있는 아첨꾼들에게 둘러싸여 오만한 실패자가 된다. 나는 흔히 물려받는 것이 아니라 스스로 기업 자체를 일으키고 사랑하는 기업가를 깊이 존경한다.

프레드Fred를 예로 들어 보자. 그는 갑자기 나에게 연락해서 경영과 커뮤니티십에 대해 이야기하고 싶다고 싱가포르에서 날아왔다. 프레드가 가족 기업인 거대 운송회사의 3세대 대표라는 걸 알았을 때 나는 '이런, 또 그들 중 한 명이네'라고 생각했다.

프레드는 비서는 물론 딸, 동생과 함께 훌륭한 가족의 모습으로 나타났다. 그를 보자마자 나의 인상은 변했다. 프레드는 보통의 3세대처럼 보이지 않았다. 우리는 즉각 마음이 맞았고, 저녁을 먹고, 시내를 돌아다녔다. 프레드는 재미있는 사람이었다. 프레드의 이야기는 무엇일까?

프레드가 말한 바에 따르면, 그는 아버지 밑에서 일하지 않기로 했다. 그래서 그는 젊었을 때 돈을 빌려 싱가포르에서 말레이시아로 떠났고 성공해서 돌아와 가족 기업 전체를 샀다. 하나씩! 이게 바로 기업가다! 프레드는 친형제들과 전체 과정을 검토할 생각이 없었고, 그래서 사실상 아버지를 통해 회사들을 매수했다.

아버지를 탓하라

이제 아버지의 관점에서 승계를 살펴보자. 많은 영리한 기업가가 왜 승계에 관해서는 멍청한가? 그들은 왜 누가 뭐라 해도 자식들, 보통은 아들에게 반드시 바통을 넘기려고 하는가? 마치 권총의 6개 약실 안에 총알 5개가 들어간 러시안룰렛 게임*을 하는 것 같다.

몇 년 전, 어느 연구는 기업가의 성격이 종종 강한 어머니와 약한 아버지에게서 발달한다고 밝혔다. 아버지는 아무 짝에도 쓸모없는 사람이

---

*역자 주: 러시안룰렛은 회전식 연발 권총의 여러 개의 약실 중 하나에만 총알을 넣고 총알의 위치를 알 수 없도록 탄창을 돌린 후, 참가자들이 각자의 머리에 총을 겨누고 방아쇠를 당기는 게임이다. 그런데 여기에서는 약실 6개 중 5개에 총알이 있는 것으로 확률적으로 '거의 망한다'로 해석할 수 있다.

거나, 술고래, 아니면 이미 돌아가셨다.[57] 매번 그렇지는 않지만 어느 정도 흔한 일이다. 당연히 장남은 아버지 대신 대리부가 되고, 강하고 책임감 있고, 보스의 기질이 있는 사람이 된다. 기업가의 특성으로 나쁘지 않다. 그래서 나는 자신의 뒤를 잇는 아들에게 전념하는 기업가를 보면 "당신의 아버지는 훌륭한 사업가였나요?"라고 묻는다. 주로 아니다. "그렇다면 당신의 아들은 왜 그러리라 생각하세요?"

그물을 더 넓게 치기

오해하지 마라. 가끔 (앞서 말한) 빈 탄창이 발사되기도 한다. 헌신적인 부모에게서 사업을 배우는 것이 심오한 훈련이 될 수 있다. 그리고 요즘 점점 더 재능 있고 관심 있는 후계자 딸이 있다. 아마도 아버지와 또 다른 관계를 맺기 때문일 것이다. 우선 아버지는 딸의 말을 더 들으려고 한다. 그렇다면 아들이 기업가 어머니의 더 타고난 후계자일 수 있다는 것일까?

 그물을 더 넓게 칠 수도 있다. 뒤퐁의 위대한 성공에는 조카들의 공이 상당히 컸다. 이러한 친척들로 인해 승계에서 더 많은 선택권이 생긴다. 그리고 막스 앤 스펜서를 거대 기업으로 만든 사람은 사위였다. 이후에 그의 아들이 맡았다. (두고 볼 것이다. 지금까지는 별로 좋지 않다) 어떤 딸은 확실히 아버지의 모습과 닮은 남자와 결혼하는 경향이 있다.

 가족 기업에 대해 내가 좋아하는 부분은 그들의 정신이다. 기업들의 정신이면서 고객과 직원들을 대하는 깊은 존중으로 그려지는 정신이다. 이것이 항상 사실은 아니다. 어떤 기업가적인 회사들은 그 반대다. 하지만 어떤 회사들에서는 직원들이 가족의 일원처럼 여겨진다. 가족의 유산에는 확실히 가족은 물론이고 직원들과 경제에 값진 무언가가 있다.

하지만 이것이 승계의 문제를 해결하지는 못한다. 창업자가 떠나거나 그곳을 맡을 유능한 자손이 없을 때는 어떻게 해야 하는가? 요즘 정답은 신규상장 IPO$^{\text{Initial Public Offering}}$이다. 적어도 가족 기업의 정신이 계속 이어지려면 IPO는 매우 형편없는 대답이다. 돈을 버는 데만 관심 있는 주주들과 주주가치(더 높은 주가를 위해 수그러들 줄 모르는 추구)가 유일한 가치인 분석가들이 가족 기업의 정신을 가장 빨리 죽일 것이다.

IPO의 대안들이 있다. 다음 이야기에서 들려주겠다. 여기서는 활기찬 경제가 매달려 있는 사람이 아닌 세운 사람에 의해 개발된다고 결론지으면 된다. 그리고 민주주의 사회는 생득권이 아닌 지혜로 성공한 사람들에 의해 강화된다. 우리는 프레드처럼 가족 회사를 매입하기 위해 돌아오는 것이더라도 자신의 진로를 결정하는 사람들이 필요하다.

글로벌? 월들리는 어떤가?

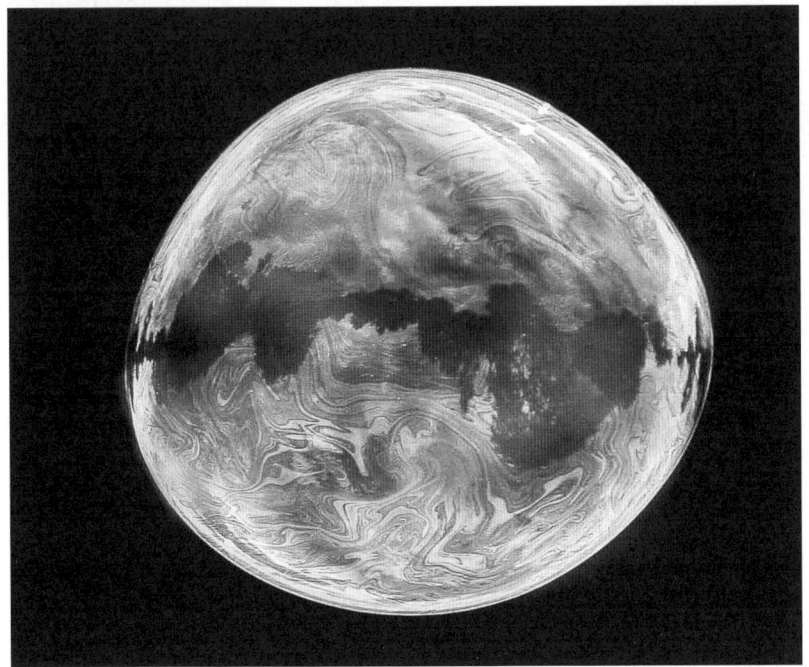

이 지구는 사실 비눗방울이다.(우리 지구도 그럴까?)

우리는 지구에 더 많은 글로벌화globalization를 원하는가? 세계에 더 많은 월들리니스worldliness는 어떤가?

경영자를 위한 우리의 국제 석사 프로그램, 즉 (이전 이야기에서 소개된) 10일의 월들리 마인드셋은 회사를 둘러싼 사회적, 정치적, 경제적 쟁점들에 전념한다. 우리가 월들리 마인드셋이라 부르는 이유는 경영자가 우리의 프로그램을 마칠 때 일반적으로 글로벌global 하기보다는 개별적으로 월들리worldly 하기를 원하기 때문이다. 글로벌은 어떤 일률적인 일치를 암시한다. 모든 사람이 똑같은 일련의 신념, 기법, 스타일을 지지한다. 글로벌이 과연 기업들에 요구되는 혁신을 육성하는 방법일까? 우리는 경영자의 동일성이 아닌 독창성을 축하해야 한다.

포켓 옥스퍼드 영어 사전에서 두 단어의 정의를 살펴보자.

global 형용사 1. 전 세계적인… 2. 모두를 아우르는
worldly 형용사 1. 세상일들의, 현세의, 지상의…
                2. 삶에 경험이 많은, 세련된, 실제적인

글로벌은 지구 전체를 "모두 아우를" 수 있지만 월들리는 "세련됨"과 "실제적임"을 망라하는 "지상"에 있다. 한 번 더 반복하자면, 큰 그림은 높은 데서 정할 필요가 없다. 큰 그림은 현장 경험으로 더 잘 구성된다.

월들리 마인드셋은 벵갈루루에 위치한 인도 경영 대학원에서 자주 발생한다. 인도 사람이 아닌 경영자들에게 인도는 또 다른 세계다. 정말로 어떤 측면에서 인도는 또 다른 월들리인 것이다. 처음 이 모듈을 운영하려고 공항에 도착했을 때 나는 루프트한자 Lufthansa에서 일하는 미국인 경영자 제인 맥크로리 Jane McCroary와 택시를 나눠 탔다. (택시에 대한) 그녀의 반응을 보니 삼륜 택시가 아닌 게 참 다행이었다! 며칠 뒤, 그녀는 어떤 교수에게 "어떻게 이런 교통에서 운전할 수 있어요?"라고 물었다.

그 교수는 태연하게 "저는 그냥 흐름에 합류해요"라고 대답했다. 월들리 마인드셋에 온 걸 환영한다! 그곳은 혼돈이 아니라 자신만의 논리를 가진 또 다른 세계다.

모듈에서 경영자들은 외국을 여행하는 관찰자가 아니다. 경영자들

은 동료들을 위해 자신의 나라에서 주최자가 되고, 동료들도 그들 자신의 나라에서 주최자가 된다. 최근 벵갈루루 모듈에서 교수 스리니바산 Srinivasan은 "여러분들이 내 눈을 통해 봤으면 좋겠어요!"라고 말하면서 사업의 문화적 차원에 대한 발표를 시작했다. 역시 월들리 마인드셋의 정신이다.

얼마나 글로벌해야 글로벌인가? 나는 세계의 많은 경영자 그룹에 얼마나 많은 회사가 매출의 반 이상을 국외에서 얻는지 물었다. 당신은 국외에서 매출을 많이 올리지 못하는 회사의 숫자에 놀랄 것이다. 얼마나 많은 소매업, 금융, 식품, 부동산이 국내에 있는지 생각해 보아라.

게다가, 많은 "글로벌" 회사 본사에는 분명히 국내의 마인드셋을 가진 사람들이 살고 있다. 외국 여행을 많이 하는 CEO도 마찬가지다. 회사는 국내의 말을 퍼뜨리려고 세계를 돌아다니는 경영자들이 필요 없다. 회사는 세계 곳곳에서뿐만 아니라 회사 곳곳에서도 다른 세계를 인정하는 경영자들이 촉진하는 월들리 관점이 필요하다. T. S. 엘리엇의 "리틀 기딩Little Gidding"에 나오는 이런 유명한 구절의 정신으로.

> 우리는 결코 탐험을 멈추지 않으리니
> 모든 탐험의 끝은
> 우리가 출발하였던 그곳에 도착하는 것이며
> 그때 비로소 그곳을 처음으로 알게 되리라.[58]

5장 맥락 이야기

누가 병원을 경영할 수 있는가?

누가 병원과 의료 기관을 경영해야 하는가에 관한 대논쟁은 계속된다.[59] 의사? 간호사? 전문 경영인? 의사는 치료를 선호하고, 간호사는 돌봄을 이해하며, 전문 경영인은 통제를 연습한다. 하지만 누가 이 셋을 이해하는가? 그래서 세 후보를 거부할 타당한 이유가 있다. 나는 질문 자체를 거부한다.

소위 전문 경영인, 즉 모든 것을 경영할 자격이 있는 사람은 이 책의 다른 여러 이야기의 표적이 되어 왔다. 누군가 경영학의 추상적 개념을 교육받았다고 해서 실천의 도가니에 준비된 것은 아니다.

경영은 의학과는 달리 과학을 사용하지 않으므로 전문직이 아니다. 즉, 조직의 질병과 그 치료를 위한 처방은 신뢰도로 명시된 것이 아니어서 경영은 경험에 근간을 둔 공예와 통찰에 의존한 예술처럼 실천되어야 한다. 본능적인 이해가 지적인 지식보다 더욱 더 중요하다.

자 그렇다면, 전문 경영인이 아니라면 의사는 어떤가? 확실히 의사는 수술에 대한 본능적인 이해가 있는 데다가 모든 사람이 따르는 지위가 있다. 게다가, 병원은 근본적으로 의학과 관련 있지 않은가? 모든 질문의 답은 '그렇다'이다. 하지만 의료 서비스를 경영하는 것에는 의학을 아는 것이 전부는 아니다. 사실, 의학의 실천이 경영의 실천과 상반된다고 믿는 이유들이 있다.

의사는 대부분 개별적으로 결단력 있게 혼자 일하도록 훈련되었다. 의사는 환자를 볼 때마다 비록 아무것도 하지 않는 결정이더라도 분명한 결정을 내린다. 경영에서 의사결정이란 더 모호할 뿐만 아니라 더 협력적이다. 몇 년 전, 한 만화에는 마취된 환자를 둘러싼 여러 외과 의사들과 '누가 여나요?'라는 말풍선이 그려져 있었다. 경영에서 이것은 심각한 질문이다! 추가로 다음을 살펴보아라. 의학은 주로 지속적인 돌봄보다 일시적인 치료에 대한 개입주의자적인 경향이 있다. 보통 전체가 아닌 부분에 중점을 두고 과학적이며 증거에 기초하려고 노력한다. 그래서 당신은 의사가 병원을 경영하는 것을 걱정해야 한다.

이제 간호사가 남았다. 그들의 실천은 종종 더 본능적이고, 더 참여적이며, 더 협력적이고 틀림없이 모든 환자에게 인간적으로 더 가깝다. 게다가 직무는 간헐적인 치료보다 지속적인 돌봄이고, 덧붙여 팀워크에 더 많이 참여하는 경향이 있다. 그래서 간호사는 적어도 병원을 경영하는데 더 알맞다. 맞다. 하지만 간호사의 경영을 의사들이 어떻게 인정할까?

그래서 결론은 분명해 보인다. 누구도 병원을 경영할 수 없다! 일반 병원의 경영과 비교할 때 복잡한 기업을 경영하는 것은 애들 놀이로 느껴질 정도다. 공격적인 의사들, 사면초가에 몰린 간호사들, 아픈 환자들, 걱정하는 가족들, 단호한 자금 기부자들, 가식적인 정치인들, 증가하는 비용, 발전된 기술. 이 모든 것이 생과 사의 사건들 속에 있다.

하지만 사람들은 병원과 많은 의료기관을 이따금 매우 잘 경영해낸다. 그래서 우리의 질문에 대한 입증된 답 너머 더 명백한 답이 있다. 전문 경영인, 의사, 간호사라는 범주가 아닌 사람이 병원을 경영해야 한다. 나는 병원의 대표로 유명한 의사들을 만난 적이 있다. (몬트리올의 가장 존경받는 병원장은 MBA를 가진 산부인과 전문의다) 마찬가지로 나는 정말 인상적인 간호사들이 병원을 경영하는 것을 보았다. 기회가 주어진다면 얼마나 많은 사람이 있을지 상상해 보아라.

    나는 개인적으로 경영으로 넘어오기 전에 간호, 의학, 사회복지, 다른 어떤 전문 분야든 수술실에서 일했던 사람들을 선호한다. 그물망을 더 넓게 칠수록 성공의 기회가 더 커진다.

정부를 경영하기,
경영을 통치하기

분명히 정부는 경영되어야 한다. 하지만 경영 역시 통치되어야 한다. 다만 특히 공공 서비스상에서 유행하는 기업 관행을 모방하는 신공공경영 New Public Management의 형태로 느슨하게 해서는 안 된다. 기업이 정부처럼 운영되듯이, 정부도 기업처럼 운영될 필요가 있다.

신공공경영은 새롭지 않다. 1980년대 영국 마거릿 대처의 통치와 함께 시작되었다. 하지만 구식의 신공공경영은 오늘날 많은 영향력을 행사하는 사람들에게 정부를 경영하는 "유일한 최고의 방법"으로 남아 있다.

이전에 언급했듯이, 무언가를 경영하는 유일한 최고의 방법은 없다. 있다고 믿는 것이 병원과 NGO는 물론 많은 정부 부처를 파괴했다. 기업 자체가, 즉 현재 유행하는 많은 기업의 관행이 혁신을 좌절시키고, 문화를 파괴하고, 직원들의 몰입을 망친 것은 말할 것도 없다. (더 자세한 사항은 책의 나머지 부분을 읽어라)

요컨대 신공공경영은 (a) 공공 서비스를 격리하려고 애쓴다. 그래서 (b) 각 서비스는 개별 경영자에 의해 운영되며, 그 경영자는 (c) 양적 성과 측정에 책임을 지고 (d) 이러한 서비스를 받는 사람을 "고객"으로 대한다. 모든 것을 한번 들여다보자.

나는 정부의 고객인가? 고맙지만 사양한다! 나는 매수자 위험 부담 원칙*의 시장에서 적당히 거리를 두고 치안과 외교 서비스를 구매하지 않는다. ("구매자에게 주의를 환기하라") 정말 내가 친절하게 다뤄지는 "고객"으로 불려야 할까? 요즘 몇몇 은행과 항공사가 고객을 대하는 것을 확인해 보아라.

나는 일개 고객보다 더 요구할 권리가 있는 시민이다. 결국, 이 정부는 나의 정부다. 공식적으로 왕국이든 실질적으로 공화국이든 나는 나의 국가에 대한 책임이 있으므로 국민이다. 예를 들어, 내가 맥도날드에서 먹고 남은 쓰레기를 공원에 버린다면 쓰레기를 버린 죄로 기소될 수 있다. 징집을 거부한 군인은 어떤가? 그들은 군대의 고객인가? 그리고 범죄자들은 감옥의 고객인가? 나는 국가에서 발행하는 복권의 고객이지만 솔직히 말해서 정부는 내게 도박을 격려할 권리가 없다. 기업인 척하는 것이 정부의 격을 떨어뜨린다.

정부 경영자들이 성과에 책임질 수 있도록 정부 서비스들이 정치적 영향력에서도 분리되고 서로 분리될 수 있는가? 국가 발행 복권으로 돌아가 보면 가끔 그럴 수 있다. 하지만 국방과 외교는 어떤가? 존슨 앤 존슨 Johnson & Johnson은 아마 타이레놀Tylenol의 브랜드 매니저와 아누솔Anusol의 브랜드 매니저가 각각 따로 있을 수 있다. 하지만 정부는 전쟁을 수행하는 경영자와 평화 협상을 하는 경영자가 따로 있을 수 있는가? 개개인이 각 활동에 배정될지 모르지만, 책임이 분리되고 결과가 각자의 기여일 수 있을까? 종종 분통이 터지게 정부의 활동들은 매우 뒤얽힐 수 있다.

---

*역자 주: 매수자 위험 부담 원칙은 "물건을 사는 사람이 조심해야 한다"라는 뜻으로 "상법에서 계약상의 명백한 보증이 없는 경우 매수인이 자신의 위험으로 매수한다는 원칙"을 일컫는다.

게다가, 공공 서비스를 위한 정책 수립과 행정은 얼마나 쉽게 분리될 수 있는가? 당연히 선출된 정치인들은 특히 부패가 있을 때는 더욱 간섭하지 말아야 한다. 하지만 예를 들어, 거리에서 시위자들이 경찰을 학대 혐의로 고발한다면 정치인들이 냉담할 수 있는가?

상부 조직이 계획하고 하부 조직이 실행한다. 즉 공무원이 충실히 실행하도록 정치인들이 최종적으로 법을 확정한다고 추정하는 것이 깔끔하다. 정부는 기업보다 훨씬 더 모호해서 전략이나 정책을 *계획하기*보다 *배워야* 한다. 만일 우리의 정치 구조가 이를 허락한다면 말이다. 새 법률이 작동하려면 반드시 현장에 있는 사람들, 즉 새 법률이 정치적으로 부당하더라도 결과에 책임지는 사람들이 새 법률에 적응해야 한다.

우리는 정부의 성과 측정에 어디까지 의존할 수 있는가? 신공공경영에서 측정은 종교적인 열정으로 받아들여졌다. 측정이 아이들의 교육, 의료 서비스 제공, 다른 무수히 많은 것에 끼친 피해를 살펴보아라.

당연히 우리는 모든 중요한 것을 측정할 수 있는 척하지 않고 가능한 것만 측정해야 한다. 사실, 성과를 측정하기 쉽지 않다는 바로 그 이유로 많은 활동이 정부 내에 있다. 만약 우리가 측정할 수 없는 것을 경영할 수 없다면, 우리는 정부를 폐쇄해야 할 것이다.

다음번에 어떤 공무원이 당신을 고객이라고 부르거나 어떤 인위적인 측정 기준을 부과한다면, 당신이 정부 부처의 "CEO"를 만난다면, 어떤 공직 후보가 정부는 기업처럼 운영되어야 한다고 주장한다면, 그들에게 읽을 이야기가 있다고 말해 주어라.[60]

6장

책임감 이야기

나는 그들이 숫자를 셀 수 있도록 일어섰고,
그들은 나에게 번호표를 뽑으라고 했다.
— 익명인

6장 책임감 이야기

이사회에 보내는 CEO의 편지, 한참 전에 보냈어야 했다

친애하는 이사님들

저는 급진적으로 보이지만 실상은 보수적인 제안을 하려고 합니다. 최고경영자로서 제 주요 책임이 회사를 건강한 기업으로 유지하는 것이기 때문입니다. 지금 저에게 너무 많은 돈을 주셔서 더이상 경영해야 하는 대로 회사를 경영할 수 없게 되었어요. 그래서 제 임금을 많이 삭감하고 상여금을 모두 없애 주기를 요청합니다.

우리는 팀워크에 대해 많이 이야기해왔습니다. 우리 모두 한배를 탔는데 왜 저만 보상을 받나요? 상여금은 그 중 최악입니다. 저는 다른 사람들처럼 회사에서 제 일을 제대로 하라고 돈을 받습니다. 왜 저만 일을 잘하라고 추가로 돈을 받나요? 만일 제가 이 회사를 믿는다면, 저는 주식을 살 것입니다. 만일 회사를 믿지 않는다면, 저는 그만두어야 합니다. 상여금 이면에 최고경영자인 제가 모든 일을 다 한다고 잘못 추정되고 있어요.

저는 현재 직원들에게 제 연봉에 대한 증오 메일을 받고 있습니다. 확실히 당황스럽습니다만 제가 그들보다 몇백 배 더 중요하다는 주장 말고는 타당한 답변을 할 수 없다는 게 더 골치 아픕니다. 이것은 리더십이 아니고 절대 회사를 경영하는 방법이 아닙니다.

우리는 이사회 회의에서 회사의 장기적인 미래에 대해 많은 논의를 해왔습니다. 그렇다면, 저는 왜 회사 주가의 단기 성과로 보상을 받나요? 이사님들 모두 제가 상여금을 받으려고 지속 가능한 미래를 약화시키면서 주가를 끌어올리려고 모든 종류의 전략을 사용했다는 것을 너무 잘 압니다.

우리가 주주 가치라는 엉터리 소리를 하기 시작하면서부터 우리의 문화는 망가졌어요. 최전선의 직원들은 이것이 고객들을 대하는 데 방해가 된다고 말합니다. 그들은 밖에서 어쩔 수 없이 사람이 아닌 돈만 봐야 합니다. 결과적으로 대다수 직원들은 더 이상 고객을 신경 쓰지 않습니다. 최근에 어느 직원이 말하길 "우리는 온통 숫자만 세서 더는 사람이 중요하지 않습니다. 그러니, 우리가 왜 고객을 신경 써야 하나요?"

저는 항상 저 자신을 위험을 감수하는 사람이라고 자부합니다. 이사님들이 저를 이 직무에 앉힌 이유이기도 합니다. 그런데 저는 왜 주가가 올라갈 때는 돈을 많이 받지만, 주가가 내려갈 때는 돈을 적게 받지 않나요? 위험을 감수하는 자라니! 저는 위선자가 되는 것이 지겹습니다.

우리가 계속해서 해 온 변명을 알고 있습니다. 다른 회사 CEO들에게 뒤처지지 않기 위해 보상받는다는 것이요. 이 변명이 저를 리더가 아닌 팔로워로 만듭니다. 이제 터무니없는 행동을 그만 공모합시다. 제 임금은 외형의 트로피 같은 것이 아니라 우리가 세우고자 하는 문화에 대한 내적 신호여야 합니다.

그러니, 제발, 제가 마땅히 회사를 경영해야 하는 대로 경영에 집중하게 도와주세요.

진심을 담아
여러분의 CEO 올림.

도박꾼들

CEO 사이에서 도박은 인기 있는 은유다. 더블다운* 같은 것들. 이 특정한 도박 형태를 잘 살펴보아라.

1. **CEO는 다른 사람의 돈으로 도박한다.** 따기만 하면 좋다.
2. **CEO 도박꾼은 그들이 이길 때가 아니라 이기는 것처럼 보일 때 돈을 모은다.** 좋은 패를 알아차리는 데 시간이 걸리지만, CEO 도박꾼은 게임이 한창일 때 돈을 모은다. 마치 나머지 카드가 덮여 있는데도 테이블 위에서 한두 개의 에이스로 판돈을 가져가는 것과 같다.
3. **CEO 도박꾼은 그들이 질 때도 모은다.** 장담하건대, 이것은 실제 도박에서 일어나지 않는다. 실제 도박은 실패에 대한 보상으로 고액의 퇴직금을 주지 않는다.
4. **CEO 도박꾼은 단지 이목을 끌기 위해 모은다.** 심지어 에이스를 보여줄 필요도 없다. 회사를 잘 경영하지 못하는 CEO는 보상을 경영하는 데 뛰어나다. 예를 들어, 큰 인수가 성공할지를 누군가 알기 훨씬 전에 인수에 서명하는 것으로 상여금을 받는다.(대부분 인수는 성공하지 못한다)
5. **CEO 도박은 테이블에 남아 있는 것으로도 돈을 모을 수 있다.** 이 쓸데없는 짓거리를 "유지 상여금"이라고 부른다. CEO는 일할 때 돈을 받을 뿐만 아니라 일을 떠나지 않을 때도 돈을 받는다. 당신이 따기만 한다면 **정말로** 좋다.

---

*역자 주: 더블다운은 블랙잭 용어로서 플레이어가 처음 두 장의 카드를 받은 뒤 승산이 있다고 판단하여 판돈을 두 배로 올리는 것을 말한다.

21세기 사혈,
"다운사이징"

저리 비켜!

2세기 전까지 사혈은 모든 종류의 질병에 대한 흔한 치료법이었다. 의사들은 달리 무엇을 해야 할지 몰라서 피를 뺐고, 종종 환자들을 죽였다. 우리는 지금 적어도 의학에서 더 잘 안다.

하지만 경영에서는 아니다. 경영에서 사혈은 복수다. 기업 임원들은 달리 무엇을 해야 할지 몰라서 많은 직원을 해고하고 조직과 사회의 문화를 죽인다. 사람들의 삶에 타격을 주는 대파괴임에도 예의상 *다운사이징*이라는 이름을 따른다. 모두가 다운사이징 한다는 사실이 괜찮은 것일까? 이것이 리더십일까?

다운사이징은 쉬워서 인기가 있다. 그냥 지위 꼭대기에 앉아서 0 세 개로 끝나는 어떤 숫자를 생각하기만 하면 된다. 예를 들어, 5,000. 골치 아픈 부분과 죄책감은 이러한 숫자 0들을 피해 본 사람들로 바뀌야 하는 중간경영자와 하위경영자에게 맡겨진다. 잭과 빌은 잘못된 회사에

6장 책임감 이야기

서 일한 것 말고는 아무 잘못이 없다. 하지만 회사는 그들을 기꺼이 짊어지지 않는다. 반면, 잭과 빌은 자신과 가족들의 불안을 짊어지고 문밖으로 나가야 한다.

아마도 떠난 동료들을 메꾸기 위해 남겨진 인적 자원은 적어도 에너지를 소진할 때까지 적은 임금으로 더 열심히 일해야 한다. 일에 자부심을 느끼고, 회사에 헌신하고, 고객을 존중하는 일은 어떻게 될까? 하지만 이에 불평할 수 있을까? 이러한 관행들로 일이 제 기능을 못 하게 되었어도 이러한 경제에서 일을 가진 것만으로 감사해야 한다. 결국, 그들은 다음 표적이 될 수 있어서 숨어버린다. 진취적인 경제를 죽이는 데 이보다 더 좋은 방법을 생각해낼 수 있을까?

회사는 다른 직무를 보존하기 위해 어떤 직무를 없애는 것이더라도 심각한 문제가 있다면 반드시 자신을 구해야 한다. 하지만 대부분의 다운사이징은 전혀 그런 것이 아니다. 부유한 임원들의 상여금을 아끼기 위해서다. 수치를 빗나가는 회사의 낌새가 월가의 늑대를 끌어들이고, 늑대들은 직원들의 뼈를 노리며 문 앞에서 으르렁거린다. 늑대들에게 뼈다귀 몇 개를 던져주면 약삭빠른 사람들이 적어도 현금을 주식에 넣고 운영할 때까지는 비용이 절감되고 이익이 다시 올라간다.

어떻게 수천 명의 직원이 갑자기 정리 해고당할 수 있는가? 몇 주 전, 아무도 이러한 부진을 몰랐는가? 그건 그렇고, 그곳을 누가 경영하고 있었는가? 아마도 지금 다운사이징을 결정한 그 사람들일 것이다. 이것만으로도 무능함을 증명한다. 그들은 자신들이 만들거나 무시한 문제를 풀지 않고 감추고 있다. 그래서 다운사이징 하는 사람들이 바로 다운사이징의 대상이 되어야 하며 사형당해야 하는 사람은 바로 사형 집행인이다.

이야기 속 작은 이야기

몇 년 전, 출판 대기업의 한 부서 편집자는 다른 부서의 동료들과 마찬가지로 자신도 직원들의 10퍼센트를 잘라야 한다는 지시를 받았다. 그는 항의했다. 그의 부서는 일을 잘하고 있고, 정리 해고할 사람이 없으며, 실제로 더 많은 직원을 약속해 왔다고 말했다. 출판사는 사정을 봐주지 않았고, 그는 뼈를 깎아야만 했다.

그래서 그는 상사 중의 상사 앞으로 불려갔다. (유명한 출판인인데, 나중에 잔뜩 흥분했다) 이 위대한 사람은 개인적으로 10퍼센트의 직원을 해고하지 못한다면 자신을 해고해야 할 거라고 그에게 말했다. 그는 거절했고 해고됐다. 말하자면, 긴축 경영 때문에 벌을 받았다.

편집자는 새로운 회사를 차렸고, 자신이 생각하기에 출판사라면 반드시 운영되어야 하는 방식대로 운영했다. 회사는 이 산업에서 어느 정도 전설이 되었다. 회사 사람들은 단순히 판매를 넘어 책을, 주주가치를 넘어 대의명분을, 평판을 넘어 저자들의 아이디어를 굳게 믿는다. 출판사는 몰입하는 인간의 공동체로 운영되며 사람들은 계속 머무르고 열성적이다. 회사가 약간의 자금을 마련하기로 했을 때, 소위 (다른 이해관계자들처럼) 초기 저자 공모 IAO$^{\text{initial author offerings}}$ 이슈가 있었다. 모든 저자가 지분을 매입할 기회를 얻었고, 우리 60명의 저자는 지분을 매입했다! 문 앞에서 월가 늑대들이 으르렁거리는 소리는 없다. 출판이라는 매우 어려운 분야에서, 베렛-쾰러Berrett-Koehler는 정말로 계속 잘해 나간다. 바로 이 책의 출판사이고, 이전에 내가 내놓은 5권의 책들 역시 이 출판사의 책들이다.

생산적인 생산성과 파괴적인 생산성

나는 캐나다 사람이다. 몇 년 전에 경제학자들이 캐나다의 경제가 얼마나 비생산적인지 말하는 걸 듣는데 질려버렸다. 우리 경제가 감사하게도 생산적인 남쪽의 미국 경제보다 유난히 잘하고 있을 때도 이 말을 들어야 했다. 비생산적인 생산성이 있지 않을까?

있을 수 있다. 생산성에는 두 가지 종류가 있다. 하나는 생산적인 것, 또 하나는 파괴적인 것. 문제는 경제학자들이 둘의 차이를 모른다는 것이다.

경제학자들은 산출된 생산량과 투입된 노동력의 비율을 측정하고, 비율이 오르면 생산성의 향상을 선언한다. 근로자들이 더 잘 훈련되었고, 우수한 기계들이 구매되었으며, 개선된 관행이 도입됐다고 추정한다. 이러한 추정은 생산성의 특정 양에 대한 것이지 절대 모든 생산성에 대한 것이 아닐 것이다. 생산성의 비생산적인 면이 증가하고 있다.

경제학자들이 허공에서 통계학을 연구할 때, 회사는 현장에서 실천한다. 통계학을 사용하는 사람이 통계가 어디에서 왔는지를 이해하지 못한다면 통계학은 위험해질 수 있다. 별로 가상적이지 않은 다음의 예시를 한번 살펴보아라.

당신은 가장 생산적인 회사를 만들려는 제조업 회사의 CEO다. 모든 공장 사람들을 해고하고, 재고에서 고객 주문을 배송해야 한다. 인건비가 떨어지는 동안에도 판매는 계속될 것이다. 경제학자 아무에게나 물어보아라. 이는 생산적이다! 재고가 바닥날 때까지는 회사에도 당연히 좋다.

　이런 종류의 생산성을 깨닫기 위한 덜 노골적인 방법이 있다. 연구를 멈춰라. 유지 보수를 줄여라. 품질을 떨어뜨려라. 결국 모든 것이 회사를 엉망으로 만들더라도 당장은 돈을 아낄 것이다. 무엇보다도 이러한 해결책들은 직원들을 훈련하거나, 프로세스를 개선하거나, 제품을 개발하는 것과는 달리 빠르고 쉽다.

　많은 회사의 이러한 계획들을 모두 합하면 재고가 바닥나는 경제와 시간의 여유가 전혀 없는 사회를 갖게 될 것이다.

증후군인 스캔들

"폭스바겐Volkswagen은 대체 무슨 생각을 했던 걸까요?" 나에게 폭스바겐 스캔들(정부 규제를 피하기 위한 디젤 엔진의 배기가스 재지정과 관련한 스캔들)에 대한 논평을 요청했던 캐나다 신문 편집자의 질문이다. 이 질문에는 큰 가정이 있다. 폭스바겐 사람들이 그들의 욕심 너머 무언가를 생각했을 것이라는 가정. 폭스바겐의 미래에 대해. 체면에 대해. 지구에 대해.

좋다. 당신은 이 스캔들을 듣고 절대 폭스바겐을 사지 않겠다고 맹세했다. 아마도 쉐보레Chevrolet를 사겠지? 하지만 쉐보레의 시동키를 주의해야 한다. 이 키가 어떤 사람들을 죽였다. 도요타Toyota는 어떤가? 결함 있는 에어백이 터질 때 머리를 숙일 준비가 되었는가?

유럽, 미국, 다른 모든 나라에서도 무언가 계속되고 있다. 자동차 산업을 초월하는 수준의 부패. 미국과 유럽 연합의 금융 스캔들은 어떤가? 예를 들어, 골드만삭스Goldman Sachs는 50억 달러를 빼돌리기 위해 한 창고에서 다른 창고로 알루미늄 잉곳(주괴)을 쓸데없이 이동시키면서 이른바 재생 알루미늄 시장을 조작했다. 회사는 어떠한 법도 어기지 않았다고 주장했다. 바로 이것이 문제다.[61]

어떤 항공사는 승객이 예약석을 포기하지 않아 비행기에서 승객을 끌어냈다. 또 다른 항공사는 활주로가 비행기를 받지 않았다고 주장하면서 몇 편의 비행을 취소했고 나중에서야 "비즈니스 이유"로 비행을 취소했다고 시인했다. 이것이 "비즈니스"란 말인가?

패턴이 보이는가?

정신노동자보다 육체노동자 범죄자들을 감금하는 경향이 있는 일부 기업들과 사법 시스템의 범죄만이 아니다. 최근 많은 기업 활동들의 합법적 부패에 관한 범죄이다. 기업만 그런 것이 아니다. 제약 회사들과 공모하여 생사를 다루는 제품들에 터무니없는 가격을 부과한 대학 교수들도 있다. 그리고 이러한 스캔들을 지원하는 시장을 제대로 보지 못한 경제학자들도 있다. 일부 시장들도 있다! 제약회사들은 책임감 있게 가격을 규제하지 못한 정부가 승인해준 독점적 위치, 소위 특허를 이용하고 있다.

왜 아니겠는가? 미국에서는 대법원이 뇌물 수수를 합법화했다. 회사들은 이제 마음껏 선거 운동에 기증할 수 있고, 대가로 10억 달러의 가치에 해당하는 청탁을 할 수 있다. 그래서 투자자들이 거대한 이익을 쫓아갈 때, 가격이 저렴하고 어느 정도 수익성 있는 약이 부족해서 사람들이 죽는다. 어떤 사회가 이를 용인한단 말인가? 아마도 당신이 사는 이

사회가 그렇다.

　이제 패턴이 보이는가? 이는 스캔들이 아니다. 증후군이다. 우리가 무언가를 하지 않는 한 더 나빠질 것이 뻔하다.[62]

CSR 2.0을 환영하라

CSR을 살짝 미는 중

우리는 왜 근본적인 원인을 검토하는 대신 문제의 상태에만 집중할까? 예를 들어, 약은 애초에 병을 예방하는 것보다 치료하는데 더 많은 주의를 둔다. 조나스 살크Jonas Salk는 강력한 예외를 보여주었다. 그는 소아마비를 치료하는 대신 근절하는 백신을 만들었다.

0.0, 1.0, 2.0

기업의 사회적 책임CSR도 마찬가지다. 기업은 사회나 환경 문제의 상황을 처리할 때 책임이 있다. 하지만 문제의 원인을 다룬다면 얼마나 더 책임감 있게 될지 상상해 보아라. 폐품을 재활용하는 좋은 방법을 찾는 것은 훌륭하지만, 폐품의 발생을 줄이는 것은 더 훌륭하다. 하지만, 환경친

6장 책임감 이야기

화적인 척하는 그린워싱은 좋지 않다. 그린워싱은 우리를 CSI^{Corporate Social Irresponsibility}, 즉 기업의 사회적 무책임으로 데려간다.

요즘 CSI가 범람하고 있다. 예를 들어, 요청한 적 없는 계좌에 고객을 등록시키거나 공공 선거 운동의 막대한 민간 자금을 제공하는 방식으로 뇌물을 주는 은행들.

(a) 무책임한 활동을 CSI 0.0, (b) 책임감 있게 문제의 상태에 관심을 두는 것을 CSR 1.0, (c) 실질적으로 문제의 원인을 다루는 것을 CSR 2.0으로 표시해 두자. 우리는 피해를 최소화하기 위한 CSR 1.0을 감사해야 하지만 피해를 반전시키려는 CSR 2.0의 도움을 환영해야 한다. 가능한 많은 기업의 심각한 사회적 책임이 필요하다.

불균형이 근원이다

나는 사회적 불균형을 지구 온난화와 소득 격차를 포함한 우리의 주요 문제들의 근본 원인으로 여긴다. 나는 나의 책 *사회 재균형*에서 베를린 장벽이 무너진 1989년의 티핑 포인트*를 추적한다.[63]

당시 서구 권위자들은 자본주의가 공산주의를 이겼다고 공표했다. 틀렸다. 균형이 불균형을 이겼다. 건강한 사회는 공적 분야에서 정부의 집단적 영향력, 사적 분야에서 기업의 상업적 이익, 복수 분야(시민사회)에서 시민들의 공동 관심, 이 세 가지의 균형을 잘 유지한다. 동유럽의 공산주의 정권은 공적 분야에서 심각하게 균형을 잃었지만, 서구의 민주주의 국가들은 세 분야에서 균형을 잘 유지했다.

---

*역자 주: 티핑 포인트(tipping point)는 '갑자기 뒤집히는 점'이란 뜻으로 때로는 엄청난 변화가 작은 일에서 시작될 수 있고 대단히 급속하게 발생할 수 있다는 의미로 사용된다.

하지만 1989년에 자본주의가 승리했다는 잘못된 믿음은 이후에 많은 민주주의 국가들이 줄곧 사적 분야에 대해 불균형 쪽으로 기울게 했다.

여기서 기업 세계는 무고한 구경꾼일 수 없었다. 미국의 로비와 CSI 너머, 화석 연료의 증진은 지구 온난화를 심화시켰고, 무자비한 주식 시장의 더 많은 요구는 과소비를 악화시켰다. 그동안 많은 노동자의 소득과 보호책이 침해당했다. 주주 가치가 걸핏하면 *유일한 가치가* 되어버렸다.

비즈니스 해결책?

사업가들 사이에서 인기 있는 해결책은 자본주의를 해결하는 것이다. 그래서 우리는 "형용사 자본주의"라고 불리는 모든 종류의 제안서를 본다. 예를 들어, 지속 가능한 자본주의, 의식적 자본주의, 포괄적 자본주의, 민주적 자본주의(*자본주의는 명사이고 민주주의가 아니다!*) 더 나은 풍차를 만드는 것처럼 "좋은 일을 함으로써 잘하게 되는 것"은 당연히 이롭다. 문제는 너무 많은 회사가 나쁜 일을 하거나 아무것도 하지 않으면서 잘하게 된다는 것이다. 서로 윈윈하는 원더랜드는 없다.

자본주의는 확실히 해결책이 필요하다. 하지만 진정으로 해결책이 필요한 곳은 사회다. 사회는 자본주의를 제자리(즉 시장, 그리고 공공장소에서 벗어난 곳)에 돌려놓음으로써 균형을 되찾아야 한다.

책임감 있는 대응

책임감 있는 기업들은 무엇을 해야 할까? CSR 2.0뿐만 아니라 다른 기업들의 무례함에 도전해야 한다. 특히 무례함을 바로잡는 입법부를 지지해야 한다. 그리고 사적 분야는 동등한 파트너로서 사회의 다른 분야들과 협력해야 한다.

늘 그래 왔던 비즈니스, 특히 CSI 0.0의 형태는 제발 그만하자. 이제 CSR 1.0 너머, 모든 시민과 이웃을 위해, 비즈니스 안팎에서, 더 적극적으로 책임지는 CSR 2.0의 시대다.

7장

미래 이야기

이것은 끝이 아니다. 끝의 시작도 아니다.
하지만, 아마도, 시작의 끝이다.
― 윈스턴 처칠, 1942년

평범한 창의성의
탁월한 힘

창의성의 모양

차이콥스키의 바이올린 협주곡을 듣는 것은 황홀하다. 몇 명이나 이런 창의성의 능력을 갖추고 있는가? 하지만 우리 모두가 발휘할 수 있는 또 다른 창의성이 있다. 이러한 창의성은 설령 결과가 탁월할 수 있어도 사실은 아주 평범하다. 결과는 종종 세상을 바꾸기도 한다. 하나의 작은 전환이면 된다.

언젠가 들었던 농담으로 설명해보겠다. "나는 다른 사람들처럼 차 안에서 고함과 비명을 지르며 죽지 않고, 우리 할아버지처럼 조용하게 자다가 죽고 싶어." 우리는 할아버지가 침대에 있는 모습을 떠올리지만, 사실 할아버지는 운전석에 앉아 있었다. 많은 농담의 기본은 정말로 그저 작은 전환일 뿐이다.

당연히 농담은 세상을 바꾸지 못한다. 차이콥스키의 바이올린 협주곡도 마찬가지다. 하지만 농담을 할 능력이 있다면, 작은 전환을 만들 능력도 있다. 즉 세상을 바꿀 능력이 있다는 뜻이다.

다음의 작은 전환은 어떤가? 1928년에 의사 알렉산더 플레밍Alexander Fleming은 런던 연구실에서 항세균제를 연구하고 있었다. 어느 날, 그는 곰팡이가 접시에 있던 세균들을 죽였다는 것을 발견했다. "재밌군," 그가 말했다. 보통 이런 표본들을 버리고 계속 연구하는 게 관행이었다. 그리고 실제로 플레밍은 그렇게 했다. 하지만 플레밍은 동료와 대화를 나눈 후, 쓰레기통에서 표본을 꺼내 사람 몸 안의 파괴적 세균을 죽이는 데 곰팡이가 사용될 수 있을지 자신에게 물어보았다. 대단히 중요한 순간이었다. 하나의 작은 전환. 처음에는 쓰레기로 보였던 것이 갑자기 기회가 됐다.

이후 큰 노력이 뒤따랐다. 플레밍이 곧바로 "페니실린"이라고 부른 것이 감염 치료에 사용되기까지 실제로 14년이 걸렸다. 플레밍은 이를 되돌아보며, "나는 1928년 9월 28일 막 새벽이 지나 잠에서 깼을 때, 분명히 세계 최초의 항생제나 박테리아 퇴치 균을 발견하여 모든 의학에 대변혁을 일으킬 것이라고 계획하지 않았다"[64]라고 말했다. 하지만 실제로 그런 일이 일어났고 세상을 바꿨다. 쓰레기통에서 시험대로 그리고 사람 몸으로 옮긴 전환 덕분이었다.

이케아의 작은 전환도 잊지 마라. 테이블에서 다리를 떼어 차에 싣고 고객에게 전달하는 이러한 전환은 가구 사업을 변화시켰다. 어쨌든, 이 역시 큰 노력이 필요했다. 내가 듣기로 이케아가 끝까지 잘 해내는 데 15년이 걸렸다.

아마도 당신은 훌륭한 바이올린 협주곡을 작곡해 본 적이 없을 것이다. 하지만 장담하건대 당신 몫의 작은 농담들을 생각해 낸 적은 있을 것이다. 그러니 세상을 바꾸는 것처럼 이 재능을 무언가 좀 더 진지한 것으로 써보면 어떨까?

고객 서비스 또는
고객 모시기?

세계에는 두 종류의 사람이 존재한다고 한다. 두 종류의 사람이 있다고 믿는 사람과 그렇지 않은 사람. 아마도 그럴 것이다. 하지만 나는 시장에 두 종류의 회사가 있다는 것을 안다: 고객 서비스를 주장하는 회사와 고객을 모시는 회사. 둘 다 아닌 회사는 제쳐 두자. (제발 정부는 이를 *시민 모시기*로 생각해라. 앞서 이야기했듯이, 시민은 정부의 고객이 아니다)

고객을 모시는 것은 기술이나 프로그램이 아니다. 삶의 방식이자 사업을 하는 철학이다. 더 많은 돈을 벌 수 있어서 고객을 잘 대하는 것은 고객을 모시는 게 아니다. 문제는 당신의 마음에 무엇이 먼저인지이다. 당신이 돈($)을 본다면, 사람을 보는 게 아니다. 당신이 사람을 보아야 합리적으로 요구하고, 만족을 얻고, 더 잘한다.

돈($$$) 너머를 보지 못하는 사람들이 통제하는 주식 시장에 회사를 내놓고, 다른 사람들도 똑같이 돈만 보는 모습을 지켜보아라. 예를 들어, 영업 사원에게 영업 수당을 부과하면, 문에 들어오는 것을 모두 돈($$$)으로 볼 것이다. 대부분 대기업은 고객을 모시면서 시작했다. 이것이 그들을 거대하게 만들었다. 나는 주식 공개 이후에도 계속 고객을 모시는 기업을 존경한다.

고객을 모시는 것은 어떤 기분일까? 쉽다, 진정성이다. 금방 알 수 있다. 내 마음에 꼭 드는 퀘벡시의 어느 레스토랑에 놀라운 웨이터가 있었다. 우리가 만났던 웨이터 중에 제일 쾌활하고 다정했다. 그의 이름을 말할 수 없다. 그는 고객 서비스 프로그램을 통해 "안녕하세요, 제 이름은 메스티포Mestipho이고, 제가 오늘 당신의 웨이터입니다!"라고 말하도록 설계되지 않았기 때문이다.

우리는 종종 고객 서비스에서 소외감을 느낀다. 얼마나 "당신의 비즈니스를 감사히 생각하는지!(속뜻을 풀어 쓰면, 우리의 시간은 당신의 시간보다 훨씬 중요해요) 모른다고 말하면서 전화를 끊임없이 기다리게 하는 회사 또는 월마트의 프로그램된 고객 맞이 직원들처럼. 어느 평일 오후에 나는 월마트가 선반에 흩뿌려진 상품의 지저분한 것을 치우기 위해 고객 맞이 직원들을 모두 가게 안으로 투입했으면 좋겠다고 생각했다. 그리고 친애하는 우리의 오래된 항공사 에어 캐나다도 있다. 에어 캐나다는 고객 서비스에 너무 헌신적인 나머지 비행시간이 한 시간도 채 안 걸리는 몬트리올-보스턴 항로의 독점권을 가졌을 때 막바지 비행기표를 1,066달러에 팔았다. 편도로!(계산이 빨리 안 된다면, 이는 왕복으로 2,132달러다) 에어 캐나다는 보스턴으로 비행하는데 벌어들이는 모든 돈을 제대로 보지 못했다.

그리고 이것이 우리를 $고객$ 서비스로 데려간다. 많은 돈($$)을 가진 고객들에게만 아주 후하다는 것이다. 들어오는 순간 고객을 분류하며, 어떤 사람을 버릴지가 확실해진다. 나는 혼다 판매정원*(이런, 오타다!)에게 "가장 저렴한 가격 얼마에 해 주실 수 있나요?"라고 물었다. 그가 대답했다, "지금 바로 구매하실 건가요? 그게 아니라면 왜 알려 드려야 하죠? 다른 판매원에게 우리의 가격을 말할 거잖아요."

(집 다음) 두 번째로 큰 구매를 위해 가격과 품질을 비교하려 했던 나

---

*역자 주: 저자는 salesman을 salesmean으로 표기했다. mean은 본래 '인색한', '못된', '부당한'의 뜻이라, 여기서는 '매정한'의 의미를 담아 번역했다.

는 용기를 내어 다른 혼다 판매 점원에게 갔고, 그 판매 점원이 그 자리에서 가장 저렴한 가격을 내놓았을 때 바로 차를 샀다. 나는 첫 판매정원이 더 나은 최저 가격을 제시한다고 해도 그에게 돌아갈 생각이 없었다.

이것은 모든 것의 또 다른 면을 소환한다: *판매자 존중하기다*. 고객들은 심지어 돈($$$)이 많은 고객조차 자신을 모시는 사람들을 정중히 대하지 않더라도 고객 서비스를 받을 수 있다. 하지만 그들은 고객으로서 모셔질 자격이 없다. 만약 판매자가 고용주는 고사하고 고객에게 제대로 대우받지 못한다면, 판매자가 어떻게 예의 바른 고객들을 정중하게 대할 수 있을까?

'더 많이'는 그만하자, '더 잘'이 더 낫다

'더 많이'는 충분하다. 파괴적인 쓰레기, 온난화, 모든 과도한 생산과 소비. '더 많이'는 우리의 기업, 사회, 지구, 우리 자신을 황폐하게 만들고 있다. 우리는 더 잘할 수 있다.

기업 만들기

당신은 강렬한 아이디어가 있고 에너지도 많지만, 돈이 별로 없다. 그래서 당신이 땀 흘려 노력한 자본(매일 15시간씩 일한 금액)과 함께 호의적인 은행원의 도움으로 기업을 세웠다. 그리고 당신은 성공한다! 고객들은 행복하고, 직원들은 헌신적이며, 당신은 기분이 좋고, 경제는 이롭다. 모두가 승자다.

좋다. 아마도 당신은 많은 돈을 벌기 위해, 더 유명해지기 위해, 상사를 모시기 싫어서 기업을 세웠을 수도 있다. 하지만 만약 당신이 진지한 기업가라면, 당신의 인센티브는 특별한 것, 리더십 너머 자신만의 커뮤니티십 감각을 가진 참여적인 기업을 세우는 데까지 더 멀리 나아갔을 것이다.

하지만 기업이 성장하면서 당신은 걱정한다: '내가 트럭에 치이면 어떡하지?' 또는 기존 자원이 허락하는 것보다 빨리 성장하길 원한다. 금융 친구들은 당신에게 신규 상장IPO(현금의 인출과 유입)을 하라고 얘기한다. 주주들이 더 빠른 성장에 자금을 투자하게 하라. 좋은 생각 같아 당신은 신규 상장에 동의한다. 이것이 전환점이다.

'더 많이' 움켜쥐기

문제의 첫 신호는 깨달음이다. 당신이 단지 더 많은 것을 원하는 동안, 주식 시장은 '더 많이' 움켜쥐기에 열중하고 있다. 주식 시장은 당신의 아이디어, 당신의 이상, 당신의 고객 또는 직원을 거침없는 일차원적인 성장의 수단, 즉 '주주 가치'의 수단으로 밖에는 신경 쓰지 않는다. 당신은 이것이 당신의 가치를 포함하는 품위 있는 가치와는 관계가 없다는 것을 발견한다. 이제 당신은 상장 회사를 운영할 것이고, 그렇게 계속 짐승에게 먹이를 주어야 한다.

특별히 끔찍한 예를 들자면, 2015년 3월에 저먼윙스Germanwings 항공기의 어떤 정신 나간 비행 조종사는 산의 정면으로 날아가 탑승자 150명 모두를 죽였다. 불과 한 달 후에 뉴욕 타임스는 주주 회의에서 다음과 같은 기사를 전했다, "루프트한자 항공이 긴급한 상업적 도전에 직면했을 때…많은 주주는…저먼윙스의 비극이 기업회생의 노력에서 경영진을 빼앗는 위험을 감수했다고…우려를 표명했다." 한 자산 관리자는 루프트한자 경영진이 "현실로 돌아와야 할 것"[65]이라고 주장했다. 150명의 살인이 회사의 집중을 방해하는 것처럼 보였지만, 현실은 주주 가치 경영으로 돌아오는 것이다.

우리 기업의 현실로 돌아가보자. 신규 상장의 결과로, 커뮤니티의 감각을 대체하는 또 다른 감각이 당신의 기업을 감싸고 있다. 시장 분석가들은 분석하고, 단타 매매자들은 거래하고, 금융 상어들은 빙빙 돌고, 월가의 늑대들은 석 달에 한 번씩 성과보고서를 요구한다. 석 달에 한 번? 누가 이런 식으로 회사를 경영할 수 있을까?

신규 상장이 정말 가치 있었을까?

하지만 너무 늦었다. 어쨌든, 당신은 더 큰 압박감이 수반되었지만 더 큰 성장을 얻을 것이다. 하지만 결국 기존의 고객들이 떨어져 나가는 것을 발견한다. 그리고 구식의 아이디어로 새로운 고객들을 얻거나 새로운 가치로 새로운 아이디어를 얻는 것이 힘들다. 그래서 다음의 중요한 질문이 떠오른다: 적어도 내가 처음에 이 회사를 세웠을 때 가진 게 하나도 없었던 것처럼 가질 게 아무것도 없을 때 어떻게 '더 많이' 얻을 수 있을까?

기업 파괴하기   다른 상장회사들의 경험담 형태로 보자면 답은 당신 주위에 있다.

• 기존 고객을 이용하라. 가격 책정을 속이는 것은 좋은 생각이다. 고객

이 이해할 수 없게 가격을 매기거나 고객을 사로잡은 제품을 제공하는데 과도한 금액을 청구하라.
- 브랜드를 엉망으로 만들어라. 이것은 특히 인기가 있다. 당신이 한때 자부했던 품질에 기꺼이 값을 지급하지 않았던 새로운 고객들에게 팔아라. 당신은 유산을 현금화하여 적게 주고 '더 많이' 얻을 수 있다.
- 수입을 늘릴 수 없다면, 틀림없이 비용을 줄일 수 있다. 유지비를 삭감하고, 연구도 중단하고, 경영진의 특권만 빼고 보이지 않는 모든 것을 절감하라.
- 혜택 없이 낮은 임금으로 단기 계약해서 직원들을 짜내는 것도 잊지 말아라. 더 좋은 방법은 전부 해고하고 해외에서 생산하라.

모든 방법이 실패하면, 다각화하라. 당신이 이해 못 하는 모든 종류의 새로운 사업에 뛰어들어라. 뭐 어떤가? 당신은 지금 새로운 사업에 투자할 돈이 많은 거물이다.

사회 파괴하기 당신의 기업은 이제 글로벌 기업이 되었다. 자신의 나라뿐만 아니라 어떤 나라에도 의무가 없고, 게다가 더는 세금을 많이 내지도 않는다. 그래서 소위 끝까지 가보는 것은 어떨까? 나쁜 일을 하면서 잘해 나가라.
- 경쟁자들과 공모해서 카르텔을 만들어라. 더 좋은 방법은 경쟁이라는 명목으로 경쟁사들을 모두 매수하라.
- 자유 기업이라는 명목으로 전 세계의 정부를 로비해서 당신의 산업에 보조금을 주고 짜증 나는 규제를 없애라.

• 결국 파산은 착취하는 회사들에게 일어난다. 만일 당신이 파산한다면, 두려워 마라. 당신은 "너무 커 버려서 망할 수가 없다." (정치 자금 기부라고 부르는) 당신의 뇌물 덕분에 당신이 배신했던 정부는 당신의 실패 비용을 사회 전반으로 돌리면서 당신을 도울 것이다. 이런 속임수에 보조를 맞추는 경제학자들은 이것을 "외부 효과"라고 부른다.

자기 자신 파괴하기 그러다 어느 날 당신은 자신도 희생되었다는 것을 깨닫는다. 내가 신규 상장을 해서 모든 것에 책임지게 되는 것일까? 나는 한때 사업을 사랑했는데. 열심히 일해서 얻은 고객을 모시는데 좋은 시간을 보냈었는데. 우리 공간, 우리 제품, 우리 사람들에 대한 자부심이 있었는데. 이제는 고객이 악의적인 메일을 쓰고, 내가 (드물지만) 직원들을 보면 그들은 나를 노려본다. 나는 왜 참여를 버리기 위해서만 참여하는 기업을 세웠을까? 우리는 한때 유쾌한 탐험가들이었다. 이제 우리는 못된 착취자들이다. 심지어 써보지도 못한 재산을 위해 나의 유산을 현금화했다.

전 세계는 고사하고 이런 기업들로 가득한 나라를 상상해 보아라. 거의 다 와 간다. 이러한 기업들은 활기 있는 새로운 기업들을 세우려고 재활용될 수 있는 자원들을 독차지함으로써 우리 경제를 왜곡하고, 우리 사회를 약화하고, 우리 커뮤니티들을 축소하고 있다. 또한, 국가들을 서로 싸우게 하면서 우리 민주주의를 약화하고 있다. 그리고 생산과 소비를 끊임없이 키워서 우리 지구를 망치고 있다. 모든 기업이 이렇다는 것은 아니다. 그저 너무 많은 기업이 그럴 뿐이다. 우리가 이를 얼마나 더 감내할 수 있을까?[66]

일차원적인 사람들과 마찬가지로 일차원적인 회사는 병적이다. 건강한 사회에 발을 들여놓을 수 없는 침입 종이다. 1978년에 에드워드 애비Edward Abbey는 "성장을 위한 성장은 암세포 이데올로기다"라고 표현했다.67

더 잘하기

IPO의 운명적인 결정으로 되돌아가 보자. 당신은 기업을 세운 리더였다. 하지만 당신은 왜 또 다른 IPO로 팔로워가 되었는가? 정말로 돈이 목적인 주식 시장에 신세를 져야만 했는가?

성장하는 기업에 자금을 조달하는 더 나은 방법들이 있다. 예를 들면,
- 당신을 책임감 있고 계속 성장할 수 있도록 해줄 참을성 있고 제대로 된 자금들을 찾아라.

7장 미래 이야기

- IPO를 하라. 하지만 인도의 타타 그룹, 덴마크의 많은 주요 기업들, 대다수 의결권을 통제하는 재단들이 그랬던 것처럼 두 종류의 주식을 발행하면서 분석가들의 접근을 막아라.
- 재무적 요구와 함께 사회적, 환경적 요구를 존중한다는 약속으로 B (베네피트Benefit) 기업*의 위상으로 전환하는 것은 어떤가?

새로운 기업을 위해서는
- 많은 투자가 필요 없다면, 대출과 이익잉여금에서 오는 자금에 의존하는 것을 생각해 보아라. 어쨌든 땀으로 얻은 자본이야말로 진정한 기업가적인 기업에 대한 실질적 투자다.
- 하나의 협동조합으로 사업을 설립하는 것은 어떤가. 하나의 주식을 개별 고객들, (농장의 협동조합처럼) 공급자들, (1955년 이래로 현재 72,000명의 사람이 있는 스페인의 몬드라곤 협동조합Mondragon Federation처럼) 노동자들이 소유한다.
- 아니면 회사의 기존 직원들에게 줘라. 알다시피, 아마도 회사를 소유하는 단타 매매자와 달리 직원들은 진정으로 회사에 관심이 있는 사람들이다. 당신이 조심스럽게 세운 유산을 파괴해 버리는 것보다 훨씬 낫다. 영국의 존 루이스 파트너십John Lewis Partnership은 실제로 1950년에 이렇게 했고, 백화점과 슈퍼마켓이라는 힘든 사업에서 84,000명의 "파트너들"과 함께 성공을 거두었다.
- 사회적 기업을 만드는 것을 상상해 보아라. 누구에게도 소유되지 않

*역자 주: 회사 이익과 공공 이익의 균형을 지향하는 기업

은 사업. 주위를 둘러보아라. 많다. 내 아내는 50세 이상의 사람들을 위한 250채의 아파트로 된 건물의 임대 중개사이다. 비영리이고 분위기가 완전히 다르다! 심지어 실제로 유명한 NGO들도 동참하고 있다. 결국에는, 적십자도 수영 강습을 판매한다.

더 잘하는 것이 더 낫다 경제학자들은 '더 많이'가 앞으로 나아가는 길이라고 주장한다. 아니다. 이는 사회적으로도, 경제적으로도 뒤로 가는 길이다. 우리는 우리의 자손과 지구를 무분별한 도그마를 위해 파괴할 필요가 없다. 우리는 분명 개발과 고용이 필요하지만 탄탄한 고용과 함께 책임감 있는 개발이 필요하다. 건강한 사회는 일차원적 성장인 돈의 힘으로 움직이지 않고, 품위 있고 다양한 경제에 의해 지속된다. 주식 시장은 충분히 피해를 주었다.

세계 곳곳에는 더 많은 것을 필요로 하는 가난한 사람들이 있다. 더 많은 음식, 더 많은 주택, 더 많은 고용, 더 많은 안전. 소위 선진 세계를 끌어내리는 '더 많이'는 필요 없다.

그래서 우리의 경제를 '더 많이'에서 '더 잘'로 전환해보자. 양보다는 질. 우리를 끌어내리기보다 높이 올려주는 것. 우리는 우리의 노력을 오래가는 제품, 건강한 음식, 개개인에 맞춘 서비스, 탄탄한 교육에 투자할 수 있다. '더 잘'로의 전환은 고용을 줄이는 것이 아니라 더 건강한 조직에서 더 많은 보수의 직업을 갖도록 고용을 강화할 수 있다. 우리가 일을 더 잘할 때 우리는 더 기쁘고 더 잘살게 된다. '더 많이' 움켜쥐는 대신 '더 잘'하는 세상을 상상해 보라.

잘하라,
최고는 너무 낮은 기준이다

나는 1997년에 야간 비행편으로 몬트리올에서 출발하여 히스로Heathrow 공항에 도착했을 때, 스튜어트 크래이너Stuart Crainer를 만났다. 그는 데스 디어러브Des Dearlove와 함께 경영 그루에 관한 책을 쓰기 위해 나를 인터뷰했다.

스튜어트는 그루 사업이 매우 경쟁적일 것이라고 말했다. "전혀요," 내가 대답했다. "저는 아무런 경쟁도 느껴본 적이 없어요." 그런 다음 나는 시차로 인해 인사불성으로 무심결에 말했다. (내가 명확히 기억하는 말은) "저는 최고가 되기 위해 시작하지 않았어요. 최고는 너무 낮은 기준이에요. 저는 잘하는 사람이 되기 위해 시작했어요."

오만하게 말하려고 의도한 것은 아니었다. 나는 최고보다 더 잘해야 한다고 주장하는 게 아니라 그저 최고가 되려는 탐구에서 벗어나 있었다. 다른 누군가가 아닌 *자기 자신*과 경쟁하는 사람들만이 최고의 일을 끝낸다는 말을 하려던 것이었다. 그들은 *자신의 최선*을 다한다.

그나저나 "최고"는 누가 분별할 수 있는가? 차이콥스키는 베토벤보다 더 잘했는가? 에디트 피아프는 최고였나? 누가 알겠나, 하지만 그녀는 정말 잘했다! 실제로, 그녀는 비교될 수 없어서 최고라고 표기될 위험도 없었다. 마이클 포터는 비즈니스에서의 경쟁력에 관한 폭넓은 글을 썼다. 그의 기념비적인 책 *경쟁 전략*을 쓸 때, 그는 누구와 경쟁하고 있었을까?

이에 대해 내가 가장 좋아하는 이야기는 실비 버니어Sylvie Bernier의

최선을 다하는 니키
수잔 민츠버그의 사진

이야기다. 그녀는 1984년 올림픽에서 다이빙 금메달을 땄다. 우리의 헬스 리더십 프로그램을 통해 그녀를 알게 되었다. 어느 날, 그녀에게 그렇게 높은 명예를 얻는 운동선수들에게는 어떤 특별함이 있는지 물었다.

실비는 나에게 다른 올림픽 메달리스트들이 아닌 자신만의 스무 살 때의 경험에 대한 놀라운 이야기를 해줬다. 결승전에서 그녀는 모든 사람과 모든 것(그녀가 어떻게 하고 있는지 말해 주는 출처였던 그녀의 코치, 부모님, 기자, 신문, 라디오, 텔레비전)을 차단했다.

마지막 다이빙을 마쳤을 때, 그녀는 자신이 금메달을 땄는지 아닌지 알 길이 없었다. 아마 이것이 그녀가 금메달을 땄던 이유일 것이다. 실비는 틀림없이 최고가 되기를 원했다. 올림픽은 종목마다 오직 하나의 금메달이 있다. 하지만 이를 위한 그녀의 수단은 *자신과* 경쟁하면서 *자신의* 최선을 다하는 것이었다.

그래서 최고가 되기 위한 우리의 기준이 아니라 우리의 집착을 버리자. 그러면 가능한 한 계속 잘하는 사람이 될 수 있다.

일어나서 움직여라!

단상에서 내려와서, 현장에서, 비행기에서 스크램블 에그를 먹어라.

평범한 사람이 탁월한 아이디어를 생각할 수 있도록 소처럼 조직하라.

당신의 전략이 정원에서 잡초처럼 자라날 수 있도록 종종 먼저 생각하기보다 먼저 보고, 먼저 해봐라.

측정할 수 없다고? 좋다. 경영하라! 증거가 부족하다고? 좋다. 경험하라!

윙윙거리는 이사회를 주의하라. 궁핍하게 만드는 신규 상장, 부끄럽게 하는 기업의 사회적 무책임, 과잉 분석하는 분석가들을 주의하라. 효율성이 아닌 효과성을 위해 자신을 분석하라.

당신의 어휘를 다운사이징 하라. "맨 꼭대기"를 내려놓아라. "주주 가치"를 잘라라. "전략적 계획," "인적 자원," "고객 서비스," "변화", 그리고 병원, 정부, 다른 멸종 위기 종의 "최고경영자"라는 꼬리표를 제거하라.

무엇보다, 자연 그대로의 최고 행복을 위해 최선을 다하라.

주석

1장 경영 이야기

1. 나의 책 *The Flying Circus: Why We Love to Hate Our Airlines and Airports*, 2005을 보라. http://www.mintzberg.org/sites/default/files/book/flying_circus_whole_book_august_2005.pdf에서도 확인할 수 있다.

2. 나의 논문 "Covert Leadership: Notes on Managing Professionals," *Harvard Business Review,* November–December 1998을 보라. 하루 동안 리허설에서 지휘자를 관찰하고 서술했다. https://hbr.org/1998/11/covert-leadership-notes-on-managing-professionals.에서도 확인할 수 있다.

3. Peter F. Drucker, *The Practice of Management* (New York: Harper & Row, 1954), 341–342.

4. Sune Carlson, *Executive Behaviour: A Study of the Workload and the Working Methods of Managing Directors* (Stockholm: Strombergs, 1951), 52.

5. Leonard R. Sayles, *Managerial Behavior: Administration in Complex Organizations* (New York: McGraw-Hill, 1964), 162.

6. 리더인 지휘자들에 대해 많은 인터넷 비디오를 찾을 수 있다. Itay Talgam의 TED 강연(2009년 10월 21일)을 보라. 이 논점에 관한 양쪽 의견을 가장 잘 보여줬다고 생각한다. https://www.youtube.com/watch?v=Wn1fV47NaWY.

7. Warren Bennis, *On Becoming a Leader* (Philadelphia: Basic Books, 1989)와 Abraham Zaleznik, "Managers and Leaders: Are They Different?" *Harvard Business Review,* January 2004, https://hbr.org/2004/01/managers-and-leaders-are-they-different.

8. Mie Augier, "James March on Education, Leadership, and Don Quixote: Introduction and Interview," *Academy of Management Learning & Education 3,* no. 2 (2017): 173. doi: 10.5465/amle.2004.13500521.

9. 나의 책 *Simply Managing: What Managers Do—and Can Do Better* (San Francisco: Berrett-Koehler, 2013)의 6장을 보라.

10. 나의 책 *The Nature of Managerial Work* (New York: HarperCollins, 1973)와 *Simply Managing*에서 3장을 보라.

11. Terry Connolly, "On Taking Action Seriously" in Gerardo R. Ungson, ed., *Decision-Making: An Interdisciplinary Inquiry* (Boston: Kent, 1982), 45.

12. 자세한 내용과 관련 주제에 대해서는 Henry Mintzberg, Bruce Ahlstrand, and Joseph Lampel, *Management: It's Not What You Think!* (AMACOM, 2010)을 보라.

13. 나의 1987년 7~8월 논문 "Crafting Strategy"을 보라: https://hbr.org/1987/07/crafting-strategy. 더 많은 정보는 *Tracking Strategies: Toward a General Theory* (New York: Oxford University Press, 2007), *Strategy Bites Back* (Harlow, UK: Pearson, 2005), *Strategy Safari: A Guided Tour through the Wilds of Strategic Management* (New York: Prentice-Hall, 2009; also Free Press, 1998)을 보라.

2장 조직 이야기

14. 나는 커뮤니티십이라는 단어를 "Community-ship Is the Answer," *Financial Times,* October 23, 2006에서 처음 사용했다. 나의 논문 "Rebuilding

Companies as Communities," *Harvard Business Review,* July–August 2009, https://hbr.org/2009/07/rebuilding-companies-as-communities도 함께 보라.

15. 비버 모음집의 더 많은 사진은 *www.mintzberg.org/beaver*을 보라.

16. "현재 많은 인터넷 연구는 인터넷이 새로운 관계를 널리 번성시키지 못했다고 밝힌다." 사람들은 대부분 그들이 이미 알고 있는 다른 사람들과 소통하고, 온라인에서 사람을 만날 때 그들의 미래 관계는 "오프라인으로 이주하는 경향"이 있다. (D. D. Barney, "The Vanishing Table, or Community in a World That Is No World," in *Community in the Digital Age: Philosophy and Practice* [Lanham, MD: Rowman and Litttlefield, 2006], citing Boase and Wellman).

17. Thomas L. Friedman, "Facebook Meets Brick-and-Mortar Politics," *New York Times,* June 9, 2012, https://www.nytimes.com/2012/06/10/opinion/sunday/friedman-facebook-meets-brick-and-mortar-politics.html.

18. HBS 내부 연구에 따르면, 하버드 경영 대학원의 사례들은 "리더 개개인의 역할을 과장한다: 사례의 62퍼센트는 혼자 행동하는 영웅적인 경영자의 특징이 있다." (Andrew Hill, "Harvard and Its Business School Acolytes Are Due a Rethink," *Financial Times,* May 7, 2017, https://www.ft.com /content/104359b4-3166-11e7-9555-23ef563ecf9a.)

19. John P. Kotter, "Leading Change: Why Transformation Efforts Fail," *Harvard Business Review,* March–April 1995; reprinted January 2007; the table and quote are from the later version.

20. "1956: Designing Furniture for Flat Packs and Self-Assembly," Ikea.com, accessed July 31, 2018, https://www.ikea.com/ms/fr_MA/about_ikea/the_ikea_way/history/1940_1950.html.

21. Kotter 논문의 마지막 문단에서 저자는 "현실에선 성공적인 변화 노력조차 엉망이며 놀라움 투성이다"라고 썼다. 이 문장은 첫 문단에 더 알맞다. 뒤따르는 많은 문단들을 바꿀 수 있었을 것이다.

22. Regina E. Herzlinger, "Why Innovation in Health Care Is So Hard,"

Harvard Business Review, May 2006, https://hbr.org/2006/05/why-innovation-in-health-care-is-so-hard.

23. Harry Braverman, *Labor and Monopoly Capital: The Degradation of Work in the Twentieth Century* (New York: Monthly Review Press, 1974), 87.

24. 나의 책 *Mintzberg on Management* (New York: Free Press, 1989)의 2부를 보라. 원본 책 *The Structuring of Organizations*와 축약 버전 *Structure in Fives*는 영어뿐만 아니라 다양한 언어로 널리 번역되었다. 이 책의 수정본은 임시 제목 *Understanding Organizations . . . Finally*로 준비 중이다.

3장 분석 이야기

25. Robert S. Kaplan and Michael E. Porter, "The Big Idea: How to Solve the Cost Crisis in Health Care," *Harvard Business Review,* September 2011, https://hbr.org/2011/09/how-to-solve-the-cost-crisis-in-health-care.

26. Alfred North Whitehead, *Science and the Modern World* (Cambridge: Cambridge University Press, 1925).

27. 나의 논문 "Beyond Implementation: An Analysis of the Resistance to Policy Analysis" in K. Brian Haley, ed., *Operational Research 1978: International Conference Proceedings* (Amsterdam: Elsevier, 1979), 106–162을 보라. 축약 버전은 1980년 5월 *INFOR*에서 볼 수 있다.

28. Herbert A. Simon, *Administrative Behavior: A Study of Decision-Making Processes in Administrative Organization,* 2nd ed. (New York: Macmillan, 1957), 14.

29. 나의 논문 "A Note on That Dirty Word 'Efficiency,'" *Interfaces* 12, no. 5 (1982), 101–105을 보라. https://doi.org/10.1287/inte.12.5.101.

30. From Abraham Kaplan, *The Conduct of Inquiry: Methodology for*

Behavioral Science (New York: Routledge, 1998; also Chandler, 1964).

31. Josiah Stamp, 1929의 말이다. Michael D. Maltz, *Bridging Gaps in Police Crime Data: A Discussion Paper from the BJS Fellows Program* (Washington, DC: Bureau of Justice Statistics, 1999), 3, https://www.bjs.gov/content/pub/pdf/bgpcd.pdf을 인용했다.

32. 2차 세계대전 당시 영국 항공성에서 Ely Devons는 "통계와 기획"에 대해 다음의 이야기를 썼다. (*Planning in Practice: Essays in Aircraft Planning in War-time* [Cambridge: Cambridge University Press, 1950]). 그러한 데이터 모음집은 매우 어렵고 미묘해서, "높은 수준의 기술"을 요구하는데도 "가장 비효율적인 사무직원이 가장 잘 고용될 것 같은 열등하고, 치욕스럽고, 일상적인 일로 여겨졌다"(134). 오류는 다양한 방법으로 데이터에 들어왔고, 휴일 또는 다른 쉬는 날을 포함하는데도 몇 개월을 단지 평일로 여겼다. "수치들은 종종 판단과 추측을 요약하는 유용한 방법일 뿐이었다(155). 수치들은 가끔 "통계적 협상"을 통해 개발되었다. 하지만 "어떤 수치는 한번 제기되면...아무도 이성적인 주장으로 그것이 잘못되었다고 언급할 수 없었다(155). "그리고 수치들이 한번 '통계'로 불리면, 성서의 권위와 신성함을 획득했다"(155).

33. 나의 책 *Managing the Myths of Health Care: Bridging the Separations between Care, Cure, Control, and Community* (San Francisco: Berrett-Koehler, 2017)을 보라.

34. Robert F. Kennedy, "Remarks at the University of Kansas" (speech, Lawrence, KS, March 18, 1968), http://www.jfklibrary.org/Research/Research-Aids/Ready-Reference/RFK-Speeches/Remarks-of-Robert-F-Kennedy-at-the-University-of-Kansas-March-18-1968.aspx.

35. Seth Mydans, "Recalculating Happiness in a Himalayan Kingdom," *New York Times,* May 6, 2009, http://www.nytimes.com/2009/05/07/world/asia/07bhutan.html.

36. "2010 Survey Results: Results of the Second Nationwide 2010 Survey on Gross National Happiness," August 4, 2018, http://www.grossnationalhappiness.com/survey-results /index에서 볼 수 있다.

37. "ACM: Cultural Marxism: The Highest Stage of RW Brakin' 2 Eclectic Bugaboo," Daily Kos, March 22, 2015, https://www.dailykos.com/stories/2015/3/22/1366643/-Anti-Capitalist-Meetup-Cultural-Marxism-the-highest-stage-of-RW-brakin-2-eclectic-bugaboo.

38. "Bhutan's 'Gross National Happiness' Masks Problems, Says New Prime Minister," *Telegraph,* August 2, 2013, https://www.telegraph.co.uk/news/worldnews/asia/bhutan/10217936/Bhutans-gross-national-happiness-masks-problems-says-new-prime-minister.html.

39. Gardiner Harris, "Index of Happiness? Bhutan's New Leader Prefers More Concrete Goals," *New York Times,* October 4, 2013, https://www.nytimes.com/2013/10/05/world/asia/index-of-happiness-bhutans-new-leader-prefers-more-concrete-goals.html.

40. "Bhutan's 'Gross National Happiness' Masks Problems."

41. F. Scott Fitzgerald, "Part I: The Crack-Up," *Esquire,* February 1936 (reprinted March 7, 2017), https://www.esquire.com/lifestyle/a4310/the-crack-up.

4장 개발 이야기

42. David W. Ewing, *Inside the Harvard Business School,* citing Howard Stevenson (New York, Times Books, 1990), 273.

43. Francis J. Kelly and Heather Mayfield Kelly, *What They Really Teach You at the Harvard Business School* (New York: Warner, 1986).

44. David W. Ewing, *Inside the Harvard Business School* (New York: Crown, 1990).

45. Michael Kinsley, "A Business Soap Opera," *Fortune,* June 25, 1984.

46. Brian O'Reilly, "Agee in Exile," *Fortune,* May 29, 1995, http://archive.fortune.com/magazines/fortune/fortune_archive /1995/05/29/203144/

index.html.

47. Joseph Lampel과 함께 쓴 나의 논문 "Do MBAs Make Better CEOs? Sorry, Dubya, It Ain't Necessarily So," *Fortune,* February 19, 2001을 보라. 그리고 나의 책 *Managers Not MBAs: A Hard Look at the Soft Practice of Managing and Management Development* (San Francisco: Berrett-Koehler, 2004), 111–119을 보라.

48. Danny Miller and Xiaowei Xu, "A Fleeting Glory: Self-Serving Behavior among Celebrated MBA CEOs," *Journal of Management Inquiry* 25, no. 3 (2015): 286–300.

49. Danny Miller in an interview. See Nicole Torres, "MBAs Are More Self-Serving Than Other CEOs," *Harvard Business Review,* December 2016.

50. Danny Miller and Xiaowei Xu, "MBA CEOs, Short-Term Management and Performance," *Journal of Business Ethics* (February 2, 2017).

51. Henry Ford, Albert Einstein, Mark Twain의 말이다. 아인슈타인은 실제로 이렇게 표현했다, "같은 일을 계속 반복하면서 다른 결과를 바라는 것은 정신이상이다."

52. International Masters Program for Managers (impm.org)는 비즈니스를 위한 프로그램이다. 우리는 나중에 의료 서비스에서도 비슷한 프로그램 International Masters for Health Leadership (imhl.org)을 만들었다.

53. IMPM 졸업생 Silke Lehnhardt는 프로그램을 막 시작하려는 루프트한자 동료들에게 "제가 지금껏 읽은 책 중에서 최고의 경영책입니다"라고 말했다. 그녀는 프로그램이 시작할 때, 모두에게 나누어 준 통찰력 책(아무것도 없는 빈 책)을 들고 있었다. 프로그램은 매일 아침 성찰로 시작한다. 우선, 모든 사람이 텅 빈 그 책에 그들의 배움, 경영, 삶에 관한 생각을 기록하는 것이다. 그런 다음, 그들은 테이블을 둘러앉아 그들의 통찰을 동료들과 공유한다. 가장 강렬한 것들에 대한 논의가 큰 원 안에서 이어진다. 모든 경영자의 최고의 경영책은 스스로 쓴 책이 아니겠는가?

54. 나의 책 *Managers Not MBAs*의 1~6장을 보라. 또한, 논문 "Looking Forward to Development," *Training and Development,* February 13, 2011,

https://www.td.org/magazines/td-magazine/looking-forward-to-development와 "From Management Development to Organization Development with IMPact," *OD Practitioner* 43, no. 3 (2011), http://www.mintzberg.org/sites/default/files/article/download/odpractitionerv43no3.pdf와 Jonathan Gosling and Henry Mintzberg, "The Five Minds of a Manager," *Harvard Business Review,* November 2003, https://hbr.org/2003/11/the-five-minds-of-a-manager를 보라.

55. D. D. Guttenplan described his experience in "The Anti-MBA," *New York Times,* May 20, 2012, https://www.nytimes.com/2012/05/21/world/europe/21iht-educlede21.html.

56. 이 이야기는 Jonathan Gosling과 공동 집필했다.

5장 맥락 이야기

57. David G. Moore and Orvis F. Collins, *The Organization Makers* (New York: Appleton-Century-Crofts, 1970)을 보라. 1964년 Appleton 판은 *The Enterprising Man*이라는 이름으로 출간되었다.

58. T. S. Eliot, "Little Gidding," http://www.columbia.edu /itc/history/winter/w3206/edit/tseliotlittlegidding.html.

59. 나의 책 *Managing the Myths of Health Care: Bridging the Separations between Care, Cure, Control, and Community* (San Francisco: Berrett-Koehler, 2017)을 보라.

60. 나의 논문 "Managing Government, Governing Management," *Harvard Business Review,* May–June 1996, https://hbr.org/1996/05/managing-government-governing-management을 보라. 또한, Jacques Bourgault, *Managing Publicly: Monographs of Canadian Public Administration* no. 25 (Toronto: Institute of Public Administration of Canada, 2000)을 보라.

6장 책임감 이야기

61. David Kocieniewski, "A Shuffle of Aluminum, but to Banks, Pure Gold," *New York Times,* July 20, 2013, https://www.nytimes.com/2013/07/21/business/a-shuffle-of-aluminum-but-to-banks-pure-gold.html.

62. 나의 책 *Rebalancing Society: Radical Renewal beyond Left, Right, and Center* (San Francisco: Berrett-Koehler, 2015)을 보라.

63. 나의 논문 "Who Should Control the Corporation?" *California Management Review* 27, no. 1 (1984), http://journals.sagepub.com/doi/10.2307/41165115을 보라. 그리고 나의 책 *Power in and around Organizations* (1983)의 4부를 보라. http://www.mintzberg.org/books/power-and-around-organizations에서도 확인 가능하다.

7장 미래 이야기

64. Siang Yong Tan and Yvonne Tatsumura, "Alexander Fleming (1881–1955): Discoverer of Penicillin," *Singapore Medical Journal* 67, no. 7 (2015); doi: 10.11622/smedj.2015105.

65. Nicola Clark, "Germanwings Crash Looms Large at Lufthansa Shareholders Meeting," *New York Times,* April 29, 2015, https://www.nytimes.com/2015/04/30/business/germanwings-crash-looms-large-at-lufthansa-shareholders-meeting.html.

66. 나의 책 *Rebalancing Society: Radical Renewal beyond Left, Right, and Center* (San Francisco: Berrett-Koehler, 2015)을 보라.

67. Edward Abbey, *One Life at a Time, Please* (New York: Henry Holt, 1978, 1988), 22.